Siegfried Genthe

Marokko - Reiseschilderungen

Verone

Siegfried Genthe

Marokko - Reiseschilderungen

1st Edition | ISBN: 978-9-92500-077-7

Place of Publication: Nikosia, Cyprus

Erscheinungsjahr: 2016

TP Verone Publishing House Ltd.

Nachdruck des Originals von 1906.

Marktplatz von El Araisch.

Mitteilungen und Anfragen, soweit sie die Redaktion betreffen, sind zu richten an Gymnasialoberlehrer Lic. Hans Vollmer in Hamburg 37, Klosterallee 23. Unverlangt eingesandten Manuskripten ist das Porto für evtl. Rücksendung beizufügen.

Inhalt

	Seite
Vorwort	VII
Erste Eindrücke von Marokko	1
Aufbruch ins Innere	20
Afaila	43
El Araisch	64
El Ksar	74
Bei den Bergberbern der Maßmuda	83
In der heiligen Stadt Wasan	92
Begegnung mit dem Großscherif	104
Auf der Karawanenstraße	115
Am Hofe des Sultans	126
Eine Unterredung mit Mulai Abd ul Asis	146
Nachwort	163

Vorwort

Auch unsre jugendlichen Leser haben gewiß von der internationalen Konferenz in dem südspanischen Algeciras gehört, die Mitte Januar 1906 zusammentrat, um 2½ Monate lang über die Marokkofrage zu verhandeln, und der Name wird dem Gedächtnis noch nicht entschwunden sein. Vertreter Deutschlands, Österreichs, Belgiens, Spaniens, der Vereinigten Staaten, Frankreichs, Englands, Italiens, Marokkos, der Niederlande, Portugals, Rußlands und Schwedens*) hatten sich zu gemeinsamer Beratung vereinigt. Die Konferenz war nötig geworden, da die übrigen Mächte durch die nordafrikanische Politik Frankreichs, das auf Algier und Tunis sich stützend seinen Einfluß auch in Marokko zum vorherrschenden zu machen sich bestrebte, ihre dortigen Interessen und den freien Handelsverkehr des gesamten Auslandes gefährdet sahen. Diese Interessen, soweit Deutschland dabei in

---

*) Die Reihenfolge war in dem Protokoll der Konferenz durch die alphabetische Folge der französischen Ländernamen bestimmt.

— VIII —

Betracht kam, zu schützen, war schon der Zweck der Landung unsers Kaisers in Tanger am 31. März 1905 gewesen. Aber gerade dieser Besuch wurde vielfach mißdeutet und schien die Marokkofrage noch verwickelter und gefahrvoller machen zu sollen. Es wurde allen Ernstes die Möglichkeit eines aus diesen Verwicklungen sich ergebenden Krieges erörtert, bei dem sich Deutschland vielleicht ziemlich isoliert befunden hätte. Die Konferenz hat diese Gefahr zunächst beseitigt. Auf der Grundlage der Anerkennung eines selbständigen Sultanats, der Unversehrtheit seiner Staaten sowie der Gleichheit der Behandlung in Handelsfragen kam es zu bestimmten Festsetzungen über die Organisation der Polizei, die Unterdrückung des Waffenschmuggels, die Gründung einer marokkanischen Staatsbank, über die Mittel, die Steuererträgnisse zu erhöhen und neue Einkünfte zu schaffen, über die Regelung des Zollwesens, der öffentlichen Dienstzweige und der öffentlichen Arbeiten.*)

Deutschland hat auf dieser Konferenz zum Teil recht betrübende Erfahrungen gemacht, die ihm aber als Lehre für die Zukunft, und zwar nicht nur in der Marokkofrage von Nutzen sein können. Aus der Welt geschafft ist diese noch keineswegs.

Aber nicht nur diese Tatsache, vor allem das interessante Land selbst, das uns in seiner eben erst

---

*) Vgl. G. Diercks, Die Marokkofrage und die Konferenz von Algeciras; Berlin 1906.

zu schwinden beginnenden Unberührtheit von der alles
gleichmachenden modernen Kultur einen so einzigartigen
Einblick in alte, zum Teil vorgeschichtliche Zeiten ge=
währt, dessen berberische Bevölkerung der Wissenschaft
ein bis heute ungelöstes Rätsel aufgibt, hat uns ver=
anlaßt, die nachstehenden Reiseschilderungen Dr. Sieg=
fried Genthes unsern Lesern darzubieten. Es ist ein
Auszug aus dem größeren Werk, das Dr. Georg
Wegener aus den in der „Kölnischen Zeitung" ver=
öffentlichten Berichten als Denkmal für seinen auf
so tragische Weise ums Leben gekommenen Freund
zusammenstellte, einem Werk, das ein Kenner wie
Geheimrat Fischer in Marburg zu dem Besten zählte,
was über Marokko geschrieben sei, in dem er keine
Zeile gefunden habe, für deren Wahrheit er nicht ein=
zutreten bereit wäre.

Endlich aber möchten wir mit dieser Ausgabe
dazu beitragen, dem verdienten, hochbegabten Autor,
der, wie Otto E. Ehlers, so früh, gar zu früh ein
Opfer seines Forscherdranges wurde, in möglichst weiten
Kreisen ein Andenken zu sichern. Und darum ist aus
einem andern Bande Genthescher Reiseberichte („Korea")
das vom Herausgeber, Dr. Wegener, beigegebene
Lebensbild des Verfassers als Schlußwort beigefügt
worden.

Dr. Wegener gab in bereitwilligster, uneigen=
nützigster Weise seine Erlaubnis zu dieser Ausgabe.
Auch dem Bruder des Autors, Dr. Arnold Genthe
in San Francisco, sei an dieser Stelle gedankt für seine

Einwilligung, die Professor Dr. Klußmann in Hamburg freundlichst vermittelte.

Im übrigen bedürfen die nachstehenden Schilderungen keiner weiteren Empfehlung; sie werden für sich selbst sprechen. Daß sie recht vielen eine lehr- und genußreiche Lektüre werden mögen, wünscht

Hamburg, im Juli 1906. D. H.

Erste Eindrücke von Marokko.

Den unvermitteltsten Übergang, der sich auf unserer Erde zwischen zwei völlig verschiedenen Welten finden läßt, bietet die Meerenge von Gibraltar. Nirgends sonst auf dem Erdball stehen, räumlich so dicht zusammengeschoben, zwei Welten von so schroffen Gegensätzen einander gegenüber wie hier, wo Afrikas Nordwestspitze durch eine Wasserstraße von nur ein paar Meilen Breite geschieden wird vom spanischen Festlande, das denn doch zu Europa gehört, trotz des bekannten Wortes, Afrika beginne jenseits der Pyrenäen. An der schmalsten Stelle, zwischen der Punta Maroqui bei Tarifa auf spanischer und dem Vorgebirge Cires auf marokkanischer Seite, beträgt die Breite der trennenden Wasserfläche, die, geologisch gesprochen, ein verhältnismäßig junger Durchbruch vom Atlantischen Ozean her geschaffen hat, weniger als 14 km. Und doch bedeutet dies schmale Wasser, weniger breit als die Elbe bei Curhaven, eine Scheidung, gründlicher, als Tausende von Seemeilen sie bewirken, unüberbrückbarer, als mächtige Gebirgswälle sie errichten könnten. Zwar gehen ja heute Tag für Tag die Küstendampfer zwischen den nächstliegenden spanischen und marokkanischen Häfen hin und her, zwar hat auch der unterseeische Draht für den Anschluß an die Außenwelt gesorgt, aber man möchte von dieser Verbindung sagen: „Fehlt leider nur das geistige Band!" Denn nur auf der äußersten Oberfläche werden Berührungspunkte geschaffen; das innere Wesen bleibt auf beiden Seiten gänzlich unbeeinflußt. Oder eigentlich doch nicht auf beiden Seiten; denn Spanien hat unverkennbare afrikanische Einwirkungen erlebt und zeigt noch heute in Bevölkerung, Sprache, Baukunst, Kleidung afrikanische Anklänge, beredte Merkmale für die kraftvolle Betätigung, die besonders in Andalusien und Granada die maurisch-arabische Herrschaft geübt hat. Auf der andern Seite der Meerenge aber ist von spanischen oder sonstigen europäischen Einflüssen nichts zu spüren, sobald man die wenigen Hafenstädte, die fremdem Handel offen sind, verlassen hat und auch nur ein ganz klein wenig ins Innere eindringt.

Daß Marokko, sozusagen vor der Tür Europas und unter unsern Augen, bis heute nicht nur ein politisch selbständiges, sondern der Außenwelt so gut wie verschlossenes Land geblieben ist, gehört zu den merkwürdigsten Tatsachen der Geschichte, zu den verblüffenden Dingen, die man hinnimmt als eine Art Selbstverständlichkeit, obwohl sie nichts weniger als selbstverständlich sind. Denn wie war es möglich, daß mitten in unserm uralten Kulturkreise ein Mittelmeerland, das seit den grauesten Vorzeiten der Geschichte schon den Nachbarn bekannt war und oft genug eine nicht unbedeutende Rolle in ihren Wechselbeziehungen gespielt hatte, allein von allen wie unberührt hindurchgegangen zu sein schien durch alle Stürme von Krieg und Eroberung, Herrschaftswechsel und ewigem Bürgerkrieg? Wie kann ein Land, das Phöniker, Griechen, Römer, Vandalen, Goten, Araber, Spanier und Portugiesen nacheinander im Laufe der Jahrtausende besiedelt hatten, heute in unsere Zeit hineinragen gleich einem lebendig gebliebenen Stück Altertum? Wie erklärt es sich, daß diesem merkwürdigen, verschlafenen Märchenlande, über dem die Zeit stillzustehen scheint, bis in die Mitte des 19. Jahrhunderts hinein europäische Staaten und sogenannte Großmächte Tribut bezahlt haben, als gälte es, durch demütige Geschenke sich die Gunst eines gefürchteten Allgewaltigen zu sichern? Woran liegt es, daß der stolze Europäer, der überall sonst in der Welt als Herrscher oder doch selbstbewußter Gleichberechtigter auftritt, sich in Marokko noch in die Rolle des verachteten, nur geduldeten Christenhundes schickt; daß selbst die amtlichen Vertretungen unserer Regierungen entgegen allen sonstigen Gepflogenheiten ihres Standes sich damit begnügen, fern von der Hauptstadt oder gar von jedem persönlichen Verkehr mit dem Landesherrn und seiner Regierung, an der Küste ein stilles Dasein zu fristen?

Diese Fragen, die einem durch den Kopf gehen, wenn man zum erstenmal von der spanischen zur marokkanischen Küste hinüberfährt, ausreichend zu beantworten, würde mehr Zeit erfordern, als man für seine Grübeleien auf der kurzen Überfahrt hat, würde überdies eine weit ausholende Vorlesung über die Geschichte Marokkos nötig machen, die nur mit dem Aufwand großer Gelehrsamkeit und doch nur mit sehr unbefriedigenden Ergebnissen versucht werden könnte.

Aber eines scheint mir doch herauszuleuchten aus solch flüchtigem Vorbeimarsch marokkanischer Geschichte, wie wir ihn im Geiste beim ersten Betreten des Landes veranstalten, als etwas sehr Wesentliches und vielleicht Ausschlaggebendes für die Erklärung der merkwürdigen Entwicklung und Sonderstellung des Landes: es kann nicht der Islam allein gewesen sein, der Marokko in seiner Abgeschlossenheit bewahrt, der dies Land, das seiner geographischen Lage nach mitten im Weltgetriebe stehen sollte, vielmehr zu einem der letzten Sonderlinge hat werden lassen, die es noch unter den Staatengebilden der Erde in unserer alles verflachenden, gleichmachenden Zeit gibt. Zwar hat ja gerade von Marokko aus der Islam seine größte Kraft entfaltet, aus dem von hier aus unterworfenen Spanien erfolgte der Vorstoß der mohammedanischen Glaubensstreiter bis ins Herz von Frankreich hinein, es waren die aus Marokko gekommenen Heerscharen des Propheten, die Karl Martell bei Tours und Poitiers zum Heile Europas zurückwarf. Mag aber auch der Götzendienst, der gerade in diesem westlichsten Lande des Islam mit den angeblichen leiblichen Nachkommen des Propheten getrieben wird, der Religion besondere werbende Kraft, fanatische Hitze und Lebenszähigkeit verliehen haben: wichtiger und wertvoller als die von außen hineingetragene neue Religion mit ihrem Personenkult war wohl für das Land und seine Zukunft die kraftvolle Bevölkerung, die es hatte und die es in den Dienst der neuen, aus dem Osten kommenden Heilswahrheiten stellte. Und diese Bevölkerung war keine arabische oder maurische, es waren keine Neger oder Negerabkömmlinge, wie sie in andern Ländern Nordafrikas das Volk bilden.

Es waren Berber, dies geheimnisvolle Volk, dessen helle Färbung, oft bis zu ganz germanisch anmutenden blauen Augen und blonden Haaren, den Völkerkundigen eine so harte Nuß zu knacken gegeben hat, die Berber, in denen man bald die Nachkommen der vermißten Stämme Israels, bald die der verschollenen Vandalen und Goten Nordafrikas hat sehen wollen, in denen die einen die alten Libyer und Karthager wiederzuerkennen glauben, die andern jene noch namenlosen Völker, die auf den alten ägyptischen Völkertafeln, blondhaarig und schlank, unter den Tributbringern der Wandgemälde erscheinen. Kelten, Iberer, Basken, Karthager, die Guanchen der Kanarischen Inseln, Etrusker, Hyksos, kurz so ziemlich alle Völker, mit denen der Ethnograph nichts Rechtes anzufangen weiß, haben herhalten müssen als Vorfahren oder Stammesvettern der Berber. Aber mögen sie nun indogermanischen, semitischen oder afrikanischen Ursprungs sein, sie waren und sind jedenfalls das Volk, das vor allen andern der Geschichte die ungebändigte Freiheitsliebe und die trotzige Wildheit verkörpert, die so oft für Bergvölker bezeichnend sind. Überall da, wo der Islam auf solche Stämme gestoßen ist, hat es zunächst jahrhundertelang blutige Kämpfe gegeben, dann aber Bergfesten des Glaubens und eifersüchtigster Rechtgläubigkeit, die zu gefürchteten Schlupfwinkeln kriegerischer und räuberischer Fanatiker wurden. So im Kaukasus und in Kurdistan, so in den Hochtälern des Indus und in Afghanistan, so auch in Marokko. Die Berber sind für dieses Land viel wesentlicher geworden, als es je Phöniker oder Römer, als es Araber oder Spanier waren. Sie sind geblieben, was sie waren, ein rohes, kampfliebendes Bergvolk, das seine Unabhängigkeit höher schätzt als alle anderen Güter der Welt, ein ungebildetes Volk der Jäger und Hirten, das sich die ihm aufgedrungene, unverstandene neue Religion nach seinem altgeübten Ahnenkult zurechtmachte, so gut es ging, und nun daran festhält, als ob sie ein ebenso unveräußerliches Nationalheiligtum wäre wie ihre alte Tamasight-Sprache, die übrigens unsern europäischen Sprachforschern ein noch größeres Rätsel ist als den Ethnographen die berberische Abstammung. Die Berber sind die eigentlichen Marokkaner, diejenigen, die dem Lande seine Geschichte gemacht haben, die heute im Aufstande Bu Hamaras ebenso die Hauptrolle spielen, wie sie einst bei einer zukünftigen fremden Besitzergreifung oder Aufteilung des Scherifenreiches den europäischen Eindringlingen die größten Schwierigkeiten machen werden. Den Berbern müssen wir es danken, daß wir heute noch vor unserer Tür ein Land haben, so altertümlich, so barbarisch wild und malerisch, wie es sich eben nur in den unzugänglichsten Teilen der Erde halten kann, ein Land, das den Reisenden ein paar Stunden, nachdem er Europa verlassen hat, gänzlich unvermittelt in die reizvollen, verwirrenden Eindrücke einer neuen, fremdartigen, altertümlichen Welt stürzt.

Wer sich diesem Reiz des denkbar vollständigsten Szenenwechsels so recht hingeben will, darf seine Reise nach Marokko allerdings nicht auf einem der bequemen Dampfer antreten, die von mehreren europäischen Häfen aus ins Mittelmeer oder insbesondere nach den marokkanischen Küstenplätzen fahren. In Hamburg allein gibt es drei Gesellschaften (Woermann, Ostafrikalinie, Oldenburgisch-Portugiesische Dampfschiffs-Reederei), die einen regelmäßigen und mehr oder minder häufigen Verkehr mit Marokko unterhalten; ebenso mehrere in London und Liverpool. Von dort aus dauert die Fahrt bis Tanger, dem nächsten marokkanischen Hafen, eine Woche und länger. Und auch die rascheren und vornehmeren Schnelldampfer der großen ostasiatischen und australischen Linien (Norddeutscher Lloyd, Hamburg-Amerika-Linie, Orient Line, Peninsular and Oriental, Messageries Maritimes), die neben einigen unbedeutenden französischen Küstenfahrtslinien von Genua oder Marseille in ein paar Tagen nach Gibraltar fahren, bringen einem durch die Seefahrt den Gedanken einer größern Reise, eines Übergangs in neue Verhältnisse viel mehr zum Bewußtsein, als wenn man mit dem Süderpreß über Paris nach Madrid fährt und von da auf kürzestem Wege Cadiz oder Gibraltar gewinnt und sich dort auf einem der spanischen oder englischen Dampfer übersetzen läßt. Dann hat man in der Tat den jähesten Wechsel ohne jeden Übergang. Wenn auch die südspanischen Städte mit ihren weißen, flachgedeckten Häusern, den Agaven und Opuntien und vereinzelten Palmen schon ein wenig afrikanisch wirken, man empfindet es doch wie eine märchenhafte, mit der Wünschelrute hervorgezauberte Verwandlung, wenn plötzlich, noch in Sicht der spanischen Küste, drüben die blendend weißen, blockähnlichen Häuser sich auftürmen, wenn die mittelalterlichen Mauerzinnen der alten Seefestung Tanger sich höher und höher in den grell durchleuchteten Himmel hineinrecken.

Tanger darf sich wohl rühmen, von allen Mittelmeerhäfen der unberührteste, der am wenigsten vereuropäerte zu sein. Weit mehr als die Hälfte der ganzen Küstenlänge unseres europäischen Binnenmeeres ist ja von mohammedanischen Ländern eingefaßt, die mit ihren fremdartigen Lebensformen einen eigenartigen Reiz bewahren und so viel zu der fesselnden Buntscheckigkeit dieses nächsten Orients beitragen. Aber der ungemein rege Verkehr zwischen den umgebenden Ländern, der das Mittelmeer zum befahrensten Gewässer der Welt macht, hat natürlich das unvermeidliche Eindringen europäischen Einflusses und europäischer Äußerlichkeiten zur Folge gehabt. In den türkischen und ägyptischen Häfen überwiegt schon jetzt in Bauart der Häuser und Kleidung der Bewohner das Europäische, und nicht viel besser steht es damit in den algerischen Küstenplätzen und selbst denen von Tunis und Tripolis. Mit ihnen verglichen ist Tanger wirklich noch so echt, als ob es erst vor wenigen Jahren entdeckt wäre und nicht eine der ältesten geschichtlichen Niederlassungen, von denen wir in diesem Teile des Mittelmeeres beglaubigte Kunde haben. Für die in Marokko ansässigen Fremden allerdings bedeutet Tanger den Gipfel der Zivilisation, den vielgeliebten, Europa nächsten Ort, wo man alles findet, was man als Zeitgenosse des zwanzigsten Jahrhunderts zum Leben braucht: Gasthäuser mit sprachgewandten Kellnern, Zeitungen, die nicht nur „englisch lispeln, wenn sie lügen"*), sondern auch französisch und spanisch, Kirchen und Kapellen dreier Bekenntnisse, Tennisplätze, Gesandtschaften und Konsulate von mehr als einem Dutzend Staaten, Postanstalten und Telegraphenämter, Banken, unzählige Kneipen, Läden aller Art, ja sogar Fernsprecher und elektrische Straßenbeleuchtung. Das ist wirklich staunenswert viel für eine marokkanische Stadt, und selbst, wenn man in den Läden nie findet, was man gerade braucht, und die elektrische Beleuchtung

---

*) Goethe, Faust I: Vor dem Tor, Wagner.

gerade immer dann und dort versagt, wo sie am nötigsten ist, so wird man doch willig anerkennen: der Anfang ist gemacht und ist verheißungsvoll.

Zwar wenn man eben ankommt und unter dem in südlichen Ländern üblichen ohrenzerreißenden Getöse der Lastträger, Ruderknechte, Fremdenführer, Dolmetscher und Lohndiener endlich sein Gepäck zusammengebracht und den ländlich bescheidenen Landungssteg, der übrigens auch erst seit 1897 als rühmliches Denkmal des Fortschritts den Hafen ziert, betreten hat, dann will man noch nicht so recht an die große Kultur glauben, die nach den Versicherungen der unendlich redeeifrigen Abgesandten der sich im Wettbewerb bekämpfenden Gasthöfe im Städtchen herrschen soll. Höchst einfach, etwas anders, als man es in einer werdenden Weltstadt erwartet, vollziehen sich Ausschiffung, Landung und Zollprüfung. Die lärmenden Lastträger, die von der bekannten stoischen Ruhe des Morgenländers auch nicht die bescheidensten Vorkenntnisse zu haben scheinen, entreißen einem alles, was man mühsam von seinem Gepäck um sich versammelt hat, und im Sturmschritt toben sie damit den Landungssteg hinunter und hinauf zur Stadt.

Gleich am Eingang, am Bab el Marssa, dem niedrigen, starkgemauerten Hafentor, wird ein kurzer Halt gemacht. Hier hat die Seezollverwaltung des Sultans ihren Sitz. Unter kühlen Gewölben sitzen sehr würdevoll mit untergeschlagenen Beinen, in weiten luftigen Gewändern, ein paar eisgraue Mummelgreise; sehr im Gegensatz zu den lärmenden Packträgern lassen sie sich nicht im mindesten aus der Fassung bringen durch die Ankunft der zahlreichen, mit uns gleichzeitig den Dampfer verlassenden Reisenden, deren Gepäck untersucht werden muß. Vielleicht lassen sie sich mehr aus ihrer Ruhe aufstören, wenn große Frachten und Warenladungen durch den Zoll gehen sollen, von denen sie nach den Handelsverträgen gleichmäßig 10 Prozent vom Wert erheben müssen. Denn das ist die wichtigste, und vor allem die regelmäßigste Einnahmequelle des Landes.

Wie die meisten Häfen der nordwestafrikanischen Mittelmeerküste, liegt Tanger auf einem kleinen, hochragenden Vorgebirge, das den Eckpfeiler einer flachen, schöngerundeten Bucht bildet. Das ist nicht nur eine höchst malerische, sondern militärisch auch sehr günstige Lage. Und wenn ein guter Ankerplatz dazukommt, wie hier in Tanger, das für den besten Hafen ganz Marokkos gilt, dann kann man allein aus diesen geographischen Lageverhältnissen dem Ort eine große Zukunft voraussagen. Zwar kann man eigentlich von dem Hafen nicht viel Rühmens machen. Die Bucht ist nach Nordwesten geöffnet und bietet gegen die vom Ozean kommenden nördlichen Winde keinen Schutz. Zudem sind zurzeit die Anlagen für Ladung und Löschung der Frachten noch gänzlich unzureichend, da außer dem schmalen hölzernen Steg nichts vorhanden ist, was den Hafenverkehr erleichtert. Im 17. Jahrhundert war das eine Zeitlang anders. Bekanntlich erwarb Karl II. von England bei seiner Verheiratung mit der portugiesischen Prinzessin Katharina von Braganza, einer Tochter König Johanns VI., außer einer gehörigen Mitgift in rotem Golde die bisherigen portugiesischen Kolonien Bombay und Tanger. In England begrüßten die weitschauenden Kaufleute und leitenden Politiker den Besitz dieser Mittelmeerpforte mit lautem Jubel. Der König selbst erklärte im Parlament, Tangiers, wie die Engländer von je den Ort ebenso unrichtig benamsen, wie wir ihn Tanger nennen*), sei ein Juwel von ganz unschätzbarem Werte im Krongeschmeide, und seine Minister waren der Ansicht, der neue Besitz wiege alle anderen überseeischen Besitzungen Englands auf. Mit Eifer ging man an den Ausbau und die Befestigung des damals noch sehr kleinen Orts. Die einheimische Bevölkerung war ganz

---

*) Der einheimische arabische Name der Stadt ist Tandscha, wahrscheinlich berberischen Ursprungs und abzuleiten von dem Stammesnamen der noch heute in der Nähe ansässigen Andschera mit dem der Berbersprache eigentümlichen T-Vorschlag. Die portugiesische und französische Aussprache der Schreibung Tanger kommt der arabischen Bezeichnung einigermaßen nahe. Die Spanier schreiben Tanger und sprechen Tanncher, da sie den weichen dsch-Laut in ihrer Sprache nicht ausdrücken können. Die deutsche Aussprache (wie der erste Teil des Namens Tangermünde) beruht dagegen lediglich auf mißverständlicher Übernahme der französischen Schreibung. Indessen pflegen auch die am Ort ansässigen Deutschen, die es überhaupt mit der richtigen Aussprache arabischer Namen und Wörter nicht sehr genau nehmen, meist die „Tangermünde"-Aussprache beizubehalten.

gering, aber die Verlegung eines ganzen Regiments Besatzung in die von den Portugiesen übernommene Festung ließ bald Hunderte von Engländern, Juden, Spaniern und Italienern hierher strömen. Ungeheure Summen wurden für Festungsbauten ausgegeben, Kirchen, Schulen, Waisenhäuser wurden gegründet, kurz alles in größtem Maßstabe angelegt wie für einen Ort unzweifelhafter Zukunftsgröße. Die kostspieligste Anlage wurde ein prächtiger Hafendamm, der 400 m weit in die See hinausgebaut wurde. Auf seiner stattlichen Breite von 25 m erhoben sich Häuser und zierliche Pavillons, und gegen 1000 Geschütze waren auf der ganzen Länge zu beiden Seiten aufgefahren, die, von einer Kompagnie Kanonieren bedient, eine fast ununterbrochene Kanonade zur Begrüßung der ein- und auslaufenden und vorbeifahrenden Schiffe unterhalten mußten.

Leider entsprach diesen glänzenden Anfängen aber die weitere Entwicklung der neuen Kolonie durchaus nicht. In jenen ersten Tagen überseeischer Betätigung schien man in England die auch heute ja noch nicht überall ausgestorbene Anschauung zu haben, für den Dienst über See seien die Schlechtesten gerade gut genug. So kamen die allerbedenklichsten Gestalten nach Tanger; selbst die Beamten bis zum Statthalter hinauf waren nicht besser als die zuchtlose Rotte der unregelmäßig bezahlten Besatzungssoldaten, und schließlich waren die Zustände derart, daß im Hause der Gemeinen alle weiteren Bewilligungen für den kostspieligen Besitz verweigert wurden. Tanger wurde den Mauren zurückgegeben, nachdem mehr als 30 Millionen nutzlos ausgegeben waren. Zum Überfluß wurden auch noch alle Bauten, Festen, Kirchen, Wälle und Schanzen zerstört, und auch der schöne Hafendamm wurde in die Luft gesprengt. Mit diesem kleinlichen Vernichtungswerk fand 1684, nach 22 jähriger Mißwirtschaft, die englische Herrschaft an der marokkanischen Küste ein unrühmliches Ende. Das 30 Jahre später im Verfolg des Spanischen Erbfolgekriegs erworbene Gibraltar war und ist nur ein sehr mangelhafter Ersatz. Der öde Felsen hat kein natürliches Hinterland, für mehr als 15 Millionen Mark jährlich müssen zum Unterhalt der Kolonie Waren aus dem Mutterland eingeführt werden, während Soldaten wie bürgerliche Einwohner mit ihrem Bedarf an frischem Fleisch und Gemüse gänzlich auf das gegenüberliegende Tanger angewiesen sind.

Außer ein paar Trümmern des großen steinernen Hafendammes hat die englische Herrschaft kaum Spuren in der Stadt hinterlassen; ebensowenig die der Portugiesen, die fast zwei Jahrhunderte lang vor den Engländern hier gehaust und unter anderm nicht weniger als 17 Kirchen und Kapellen errichtet hatten. Auch sie zerstörten bei ihrem Abzug gewissenhaft die Früchte ihrer Tätigkeit, und derselbe Geist kleinlicher Eifersucht scheint jedesmal gewaltet zu haben, wenn die unglückliche Stadt ihren Besitzer wechseln mußte. Und das geschah unzählige Male. Nach den Tagen der Engländer kamen mit wechselndem Geschick Kämpfe zwischen Mauren, Spaniern und Portugiesen, nur eine Fortsetzung der häufigen Kriege, deren Gegenstand die nordmarokkanische Küste seit dem Beginn der überlieferten Geschichte gewesen ist. Von den sagenhaften Zeiten an, wo die Erzählungen von den Säulen des Herakles und den Gärten der Hesperiden entstanden, bis in unser 20. Jahrhundert hinein ist Marokko, zumal seine Mittelmeerküste, nicht zur Ruhe gekommen. Der landwirtschaftliche und, wenigstens vermutete und wahrscheinliche, bergmännische Reichtum seines Bodens und die ungewöhnliche Gunst der Lage haben eben dieses Land, das ein irdisches Paradies sein könnte, zum Schlachtfeld bestimmt, worauf sich Gegnerschaften und Nebenbuhlereien von großen und kleinen Völkern austoben müssen. Aber es muß schon arg kommen, bis ein Land wirklich vernichtet ist. Wenn auch von den glanzvollen Tagen der Römer, die in „Tingis" die Hauptstadt ihrer Provinz Mauretania hatten, außer einigen Tempelresten im Innern und ein paar über das Land zerstreuten Brückenpfeilern und Marmorsäulen nichts übriggeblieben ist als der noch im Munde des Volkes lebende Name der „Rumi" als der Urheber aller merkwürdigen, rätselhaft festen Steinbauten, wenn auch Goten und Vandalen, Spanier, Portugiesen und Engländer nur ganz geringfügige Spuren ihrer Herrschaft im Lande zurückgelassen haben: Land und Volk selbst leben und sind noch ungebrochen, sind gesund und entwicklungsfähig und einer großen Zukunft ge-

wiß, sobald sie von der wie ein Alp auf dem Lande
lastenden Herrschaft befreit sind, durch die bar=
barische Blutsauger und beschränkte Geistliche die ge=
sunde Entwicklung unterdrückt und noch auf lange Zeit
hinaus lahmgelegt haben.

Wie ein Sinnbild dieser langen, wechselreichen
Geschichte liegt Tanger am Eingang des unglücklichen,
gewaltsam niedergehaltenen Landes: anstatt einer
freien, blühenden, glänzenden Handelsstadt, wie sie der
Haupthafen und natürliche Eingang eines reichen
Landes sein sollte, ein kleines schmutziges Nest, das
keine Spuren seiner größeren Tage mehr aufweist,
und auf dem armseligen Gewande seiner mohamme=
danisch=marokkanischen Verkommenheit nur allzu sicht=
bar und unvermittelt die grellen Flicken fremden neuen
Stoffes zur Schau trägt. —

Der Herd aller Nachrichten, wirklichen Neuigkeiten
und aufgebauschten Tatarenmeldungen, und nicht min=
der der völlig aus der Luft gegriffenen Erfindungen
ist in Tanger der kleine Markt, innerer Markt (Ssok
ed dáchl), wie die Eingeborenen, Soco Chico, wie die
Juden und Fremden ihn nennen. Das ist auch rein
örtlich der Mittelpunkt der Stadt, eine unbedeutende
Erweiterung der Hauptstraße zu einem kleinen Pläß=
chen, das infolge seiner mittlern Lage die begehrteste
Gegend für Geschäftshäuser und Kneipen geworden
ist. Einer der größern Gasthöfe liegt hier, ferner die

Zweigstelle des Comptoir d'Escompte National, die einzige in Marokko selbst vertretene ausländische Bank, dann die deutsche, französische, englische und spanische Post und ein paar der besuchtesten Kaffeehäuser, das heißt ein paar niedrige kleine Trinkstuben, die in andern Ländern den Rang von Kutscherkneipen haben würden, hier aber in Ermangelung eines Bessern der Sammelplatz aller Welt werden.

Da so ziemlich jeder Weg, den man in der Stadt machen kann, schließlich einmal auch über den Soco Chico führt, und da jeder Tangerer, der überhaupt das Haus verläßt, wohl wenigstens einmal auch seinen Weg über den Soco nimmt, so kann man sich keine ergiebigere Nachrichtenbörse denken, als dies kleine, von Geschäftshäusern, Postämtern und Kneipen eingerahmte, von Stiefelputzern, Kartenverkäufern, Bettlern, Tagedieben bevölkerte Idyll. Von morgens bis spät in die Nacht wird dies Plätzchen von wenigen Metern im Geviert, das nur die höfliche Übertreibung des Morgenländers einen Markt nennen kann, nicht leer von trinkenden, rauchenden, schwatzenden, feilschenden, faulenzenden Menschenkindern jeder Farbe und Sprache. Was der englische Draht von Gibraltar, der französisch-algerische von Oran und der spanische von Tarifa im Laufe des Tages meldet, was die Karawanenreisenden von Fes und die Maultiertreiber von Marrakesch berichten, was sich das Gesinde in den Häusern und die Müßiggänger in den Karawansereien beim Tee und Tabak erzählen, alles strömt hier zusammen, wird hier erörtert, zurechtgestutzt und in vermehrter und verbesserter Auflage weitergegeben, bis es im Kreislauf der Dinge wiederum hierher zurückkehrt, wiederum erörtert, verbessert und vermehrt und weitergegeben wird. Besonders heiß ging's hier zu, als anfangs des Jahres alle Welt die gefürchtete Aufrollung der marokkanischen Frage erwartete, das heißt, die Entscheidung darüber, ob der Aufstand des schleierhaften „Vaters der Eselin", des angeblichen Königssohnes Bu Hamara, den Bestand des Scherifenreiches derart erschüttern werde, daß die nach Marokko lüsternen Großmächte sich über der Verteilung des Bärenfelles in die Haare geraten müßten, noch ehe sie den Bären zur Strecke gebracht hätten. Manch wackrer Zeitungsmann hat in jenen schönen Tagen, was er auf dieser klassischen Nachrichtenbörse Marokkos von Juden oder Griechen, Stiefelputzern oder Kneipwirten oder aus andern gut unterrichteten Kreisen über Zustände und Vorgänge in der Hauptstadt und im Feldlager des Thronbewerbers aufschnappte, brühwarm und spornstreichs zu den nahegelegenen Postämtern getragen und dem Draht nach Madrid, Paris oder London anvertraut und sich dann baß entsetzt, wenn ihm nach ein paar Tagen seine eigne Mär als neueste Nachricht aus Fes auf dem Soco Chico aufgetischt wurde.

Die ersten Tage nach meiner Ankunft in Tanger saß ich jeden Nachmittag vor einem der kleinen Kaffeehäuser neben der deutschen Post, umringt von mitteilsamen Spaniern, Juden, Arabern und Negern, und lauschte ihrem vielsprachigen Bericht über die neuesten Heldentaten des großen Geheimnisvollen, der sich beim Pöbel Tangers großer Volkstümlichkeit zu erfreuen schien, vielleicht weil die Regierung die Leute dieser „Stadt der Hunde" (Medinat el klâb), wie sie Tanger den Christen zu Ehren nennt, schon nicht mehr recht als richtige Landeskinder und treue Muselmänner gelten läßt. Es war wirklich ganz lustig, diesen Betrieb aus nächster Nähe mit anzusehen und zu ergründen, wie die öffentliche Meinung Europas über den marokkanischen Aufstand zustande kam, und vielleicht nicht nur die öffentliche Meinung, sondern selbst die mehr oder minder geheime Meinung der Regierungen; denn der Verdacht ließ sich nicht ganz unterdrücken, daß die Nachrichten, die den amtlichen Vertretungen von ihren einheimischen Berichterstattern aus dem Innern zugingen, auf eine Weise entstanden, die von den Gepflogenheiten des Soco Chico nur wenig abwich.

Mit dieser Erkenntnis schwand meine Hochachtung vor Tanger. Ich schnürte meine Bündel mit dem Entschluß, nach Fes aufzubrechen und zu versuchen, dort an der Quelle zu schöpfen.

Aufbruch ins Innere.

Von Tanger nach Fes zu reisen ist nicht ganz so einfach, wie es beim Beschauen der Karte aussieht. Es handelt sich dabei zwar nur um die geringe Entfernung von etwa 200 km, also ungefähr so viel wie die Bahnstrecke von Köln nach Frankfurt, und das Gelände scheint keine absonderlichen Schwierigkeiten aufzuweisen. In der Tat ist ja die Reise schon ungezählte Male gemacht worden, nicht nur von den Gesandten der fremden Regierungen, die ja fast alle paar Jahre einmal dem Herrscher in einer seiner Hauptstädte ihre Aufwartung zu machen pflegen, sondern auch von einer großen Zahl von Vergnügungsreisenden, die der oft betretenen Pfade anderer Länder überdrüssig und darauf erpicht sind, auch einmal eine etwas abenteuerliche Reise mit größeren Unbequemlichkeiten und der reizvollen Möglichkeit allerhand gefährlicher Zwischenfälle zu wagen. Selbst Damen haben in den letzten Jahren den Weg gemacht, nicht nur Frauen von Diplomaten oder andern Herren, die ihr Beruf zu Besuch oder dauerndem Aufenthalt ins

Innere führte, sondern auch einige besonders mutige alleinstehende Damen haben den Unbilden der Wege und Witterung und den etwa von Straßenräubern oder aufständischen Stämmen drohenden Gefahren mit Erfolg getrotzt. Für einen Mann, der nicht zum erstenmal eine derartige Reise in Ländern, die noch nicht unterm Zeichen des Verkehrs stehen, mit Zelt und Packtieren unternimmt, mit bewaffneten Führern und allem Zubehör an Menschen und Tieren, Ausrüstungsgegenständen und Nahrungsmitteln, ist also auch die Reise zur Hauptstadt Marokkos kein besonderes Wagnis, das etwa doppelt und dreifach überlegt sein wollte.

Indessen gaben diesmal die obwaltenden Umstände doch zu denken. Soviel man wußte, war der Sultan in seiner Herrschaft arg bedroht von einem Thronbewerber, der sich unzweifelhafte und anscheinend schon sehr zahlreiche und machtvolle Anhängerschaft erworben hatte, und stand nun vor der großen Frage, ob es ihm rechtzeitig gelingen werde, dem plötzlich erstandenen Gegner eine endgültige, vernichtende Niederlage beizubringen, ehe der Aufstand weiter um sich griff und schließlich den Thron des herrschenden Hauses ins Wanken oder gar zum Sturz brachte, wie das schon so unzählige Male in der Geschichte des unglücklichen Landes vorgekommen war; fast jeder Herrscherwechsel ist ja hier mit blutigen Kämpfen, mit Mord und Verrat, Aufstand und Bürgerkrieg verbunden. Diesmal schien nicht nur im Lande selbst unter den einsichtigen und ruhigen Fremden, die längerer Aufenthalt vertraut gemacht hatte mit der Kunst, hinter dem trügerischen Schein der landesüblichen Ausschmückungen, Übertreibungen und Verzerrungen wenigstens in Umrissen die zugrunde liegende Wahrheit zu erkennen, sondern auch bei den verständigern und maßgebenden Eingeborenen einfach festzustehen, daß eine solche Erschütterung wie der Aufstand Bu Hamaras das an Unruhen und Kriege gewöhnte Land seit Menschengedenken nicht heimgesucht habe.

Meist handelt es sich ja bei dem beinahe dauernden Kriegszustand Marokkos um nichts anders als die mehr oder minder tatkräftigen und erfolgreichen Versuche des Sultans, sich die Botmäßigkeit der wenig willfährigen Berberstämme zu erzwingen, die es für eine Art nationaler Ehrenpflicht halten, die Zahlung des üblichen Tributs zu verweigern, bis sie mit Waffengewalt dazu genötigt werden. Zwar kann man getrost zwei Drittel des riesigen Ländergebietes, das als einfacher geographischer Begriff Marokko auf unsern Karten zu finden ist, als völlig unabhängige Länder bezeichnen, die weder des marokkanischen Sultans noch irgend eines andern Herrschaft anerkennen. Gegen sie pflegen sich auch die Kriegszüge der scherifischen Truppen nicht zu richten. Nur besonders ehrgeizige Fürsten, die sich auf ein starkes Heer stützen konnten, haben auch in den Bergtriften und Weideländern jener freien Stämme sich Anerkennung und Tributzahlung zu erkämpfen gesucht. So um die Wende des 17. und 18. Jahrhunderts der berüchtigte Wüterich Ismail, so der vorige Sultan Mulai el Hassan, der fast sein ganzes Leben lang mit seinen Truppen unterwegs war und bald am Rande der Wüste in der Oase Tafilelt jenseits des Atlas focht, bald mit dem räuberischen Riata im Rif*) im Streite lag oder gar bis zum Wad Nun zog und an der Küste den Kanarischen Inseln gegenüber seinen Druck und seine Geldgier spüren ließ. Als er ganz plötzlich, während eines Feldzuges, 1894 starb und die Herrschaft auf einen unmündigen Sohn überging, für den der geschickte und umsichtige Wesir Bo Hamed die Regierung führte, da ließ man es sich mehr angelegen sein, im eigentlichen Reiche, den blâd el makhsen**) (Ländern der Regierung) Ordnung zu halten, als neue und unsichere Eroberungen zu machen, die nur unter stetigen Kämpfen und mit großen Kosten behauptet werden konnten. So ließ man die freien Stämme sein, was sie waren, unabhängig und frei, blâd es ssiba (das Wort ssiba ist dabei sehr bezeichnend, es wird sonst nur von Vieh gebraucht, das man frei auf der Weide herumlaufen läßt), und begnügte sich damit, den Tribut von den blâd el makhsen einzufordern, die wohl nur ein Drittel des ganzen Landes einnehmen. Auch das ging und geht nach Landessitte natürlich nicht ohne Blutvergießen ab, und das Jahrzehnt, das nun fast voll-

---

*) Bezeichnung für einen nördlichen Küstenstrich, vielleicht vom lateinischen ripa abzuleiten.

**) Zu dem Worte vgl. S. 36.

endet ist seit der Thronbesteigung des jetzigen jugendlichen Sultans Mulai Abd ul Asis, ist denn auch, wie fast jedes andere Jahrzehnt der marokkanischen Geschichte, ausgefüllt mit kleinern und größern Kriegszügen, deren Anlaß, wie meist, säumige Schuldner waren.

Wie etwas Unerhörtes hebt sich aus diesem sozusagen vorschriftsmäßigen Verlauf der beginnenden Herrschaft des jungen Sultans plötzlich die Bewegung heraus, die gegen Ende des vorigen Jahres unter so gänzlich neuen und bedrohlichen Vorzeichen eingesetzt hat. Es war nicht die übliche Weigerung einzelner Stämme, den jährlichen Tribut zu zahlen, auch nicht der Anspruch eines Verwandten auf den Thron, wie er bei dem ungeregelten oder eigentlich gar nicht vorhandenen Erbfolgerecht mohammedanischer Fürstentümer bei jedem Herrscherwechsel aufzutreten pflegt. Vielmehr schien es eine Art nationaler Bewegung zu sein, wie immer in Ländern des Korans stark mit religiösen Gedanken vermischt, aber in der Hauptsache doch etwas wie ein mit unerhörtem Eifer und Erfolg angeschürter Aufruhr national-marokkanischer Empfindungen gegen die zunehmenden fremden Einflüsse im Lande. Trotz seiner grundsätzlichen Abgeschlossenheit und Fremdenfeindlichkeit haben sich auch in Marokko die Zeiten geändert, und zumal in den letzten Jahrzehnten und Jahren hat sich mancher Wechsel vollzogen, der früher undenkbar gewesen wäre. Bei all seiner Unwissenheit und Gleichgültigkeit wird das Volk doch empfinden und herausfühlen, daß es für das Land und seine alten Überlieferungen als festester, heiligster Hort des westlichen Islam und des persönlichen Prophetenkults das Ende bedeute, wenn man den von außen eindringenden Keilen nicht rechtzeitig die Spitze abbräche.

Ganz auf sich allein gestellt, völlig gegen die übrige Welt abgeschlossen, ist Marokko wohl nie gewesen. Aber es ist doch aus allem Wechsel der Geschichte immer wieder hervorgegangen als etwas Selbständiges, politisch als ein eigenes Reich oder als Teil, meist sogar Kern eines größern, weit nach Osten und Süden, jahrhundertelang auch über die Meerenge nach Norden ausgreifenden Machtgebiets. Und kirchlich ist es in den Augen der ganzen mohammedanischen Welt immer etwas besonders Heiliges und Verehrungswürdiges gewesen, seit jener Nachkomme des Propheten, Idriß, ins Land kam und das einzige mohammedanische Herrscherhaus begründete, das sich eines wirklichen Familienzusammenhanges mit dem Religionsstifter rühmen kann. Wie der Islam, der sich in andern Ländern merkwürdig anpassungsfähig und fortschrittlich gezeigt hat, in Marokko besonders zähe in den strengsten aller rechtgläubigen Formen hangen geblieben ist, so scheint der Maure als Hüter des westlichsten Eckpfeilers mohammedanischer Herrschaft es für seine Pflicht gehalten zu haben, gegen die Außenwelt herrisch und ablehnend aufzutreten. Und das ist ihm bis in die jüngste Zeit geglückt. Er hat in der Tat sein Land mit staunenswertem Erfolg gegen die rings drohende und fortschreitende Vereuropäerung und Verchristlichung bewahrt. Was er bisher von Christen gekannt hat, konnte nur die Überzeugung festigen, Marokko sei das mächtigste Reich der Erde. Denn es waren meist christliche Sklaven, die ihm den Maßstab geben mußten für seine Beurteilung der anderswo so selbstbewußt auftretenden Europäer. Jakub el Mansur, der große Zeitgenosse Barbarossas, in unserer Kunstgeschichte berühmt als Erbauer der Giralda in Sevilla, hatte allein nach der großen Schlacht von El Arcos 1195 gegen 40000 gefangene Europäer als Sklaven in sein Land geschleppt, und seit jener Zeit hat es keinen Herrscher mehr in Fes, Marrakesch oder Mekines, den drei Hauptstädten des Reichs, gegeben, der nicht seine Schar christlicher Sklaven gehalten hätte. Pidou de Saint Olon, Ludwigs XIV. Gesandter in Marokko, erzählt, Sultan Ismail habe allein in den ersten zwanzig Jahren seiner Regierung mit eigener Hand 20000 Sklaven getötet. Allerdings pflegte dieser blutgierigste aller geschichtlichen Henker auf Fürstenthronen aus bloßem Zeitvertreib schon vor dem Frühstück ein Dutzend Menschen mit der Lanze zu erlegen, und die zahlreichen Europäer, die an seinem Hof gelebt und ihre Haut heil zurückgebracht haben, berichten so übereinstimmend über die unsagbare Schlächterei, die er unter seinen Sklaven anrichtete, daß kaum daran zu zweifeln ist. Als die auswärtigen Kriege Marokkos seltener wurden und mit ihnen die Kriegsgefangenen, mußten den Bedarf an Sklaven die Unglücklichen decken, die an den verräterischen Küsten des Landes Schiffbruch litten. So sind bis ins 19. Jahrhundert hinein ungezählte Scharen von schiffbrüchigen Fremden in marokkanische Sklaverei verkauft worden, und selbst zu unsern Lebzeiten hat sich noch der eine oder andere beglaubigte Fall ereignet, dessen Opfer meist entsprungene Sträflinge aus den spanischen Militärzuchthäusern an der Nordküste waren.

Mit dieser durch den Brauch der Jahrhunderte gefestigten Anschauung, der „Christenhund" sei der geborne Untertan und Leibeigne des rechtgläubigen Mauren, im Herzen und den von Nationalstolz und Glaubenshaß triefenden Predigten ihrer beschränkten Pfaffen in den Ohren müssen die heutigen Marokkaner es erleben, daß nicht nur ihre Regierung die verachteten Christen in mehreren Häfen des Landes ungestört hausen und handeln läßt, sondern daß sie selbst im Innern ihres frommen Landes vor dem besudelnden Anblick der Nazarener (Nassara) und Römer (Rumi), wie das Volk noch heute unterschiedslos alle Ausländer nennt, nicht mehr sicher sind. Und jüngst sind die verhaßten Eindringlinge sogar nach Fes gekommen, nicht nur aus der ihnen angebornen schamlosen Neugierde, sondern zu dauerndem Aufenthalt inmitten der altheiligen Hochburg mohammedanischer Frömmigkeit und Gelehrsamkeit. Am Hofe des Kalifen selbst treten sie dreist und unbekümmert um die Überlieferungen des Landes auf als Mitregierende, befehligen die scherifischen Truppen und unterweisen und unterstützen den abtrünnigen Landesherrn in allerhand gottlosen und nutzlosen Künsten der Ungläubigen. Hinter den hohen Mauern des Dar el Makhsen, des Sultanspalastes im neuen Fes, werden tausendmal hintereinander feuernde Mordmaschinen, die ehrwürdigen und weisen Vorschriften des Korans verhöhnende geheimnisvolle Bilderkästen und unheimlich fauchende, toll dahinrasende Teufelswagen versucht und von des Herrschers eigner Hand erprobt!

So klagen die Geistlichen, die es nicht verwinden können, daß nach dem Abfall von Stambul, Kairo, Tunis, Kairwan nun auch das heilige Fes im 14. Jahrhundert der Hedschra ein wenig anders auszusehen beginnt als in den Tagen des seligen Mulai Idriß, der vor 1100 Jahren dies Mekka des Westens gründete. Keine andere Predigt konnte so leicht ihren Weg zum Herzen der am Alten hangenden, kirchengehorsamen Marokkaner finden, als diese Litanei vom bevorstehenden Untergang des Islam, als die unverhüllte Aufforderung, sich abzuwenden von dem letzten abtrünnigen Sprößling der Prophetenfamilie und mit der Vertreibung der Fremden und der Fremdenfreunde den Anfang zu machen zur Rückkehr zu Gott und dem Propheten wohlgefälliger Rechtgläubigkeit. Mit keinem andern Schlachtruf und Feldgeschrei konnte so schnell und weit ein Aufruhr angefacht werden wie mit dieser Verkündigung des Vernichtungskrieges gegen den fremdenfreundlichen Sultan und seinen ausländischen

Anhang, den Bu Hamara auf seine Fahnen geschrieben hatte. Und keine andere Volksbewegung konnte so wie diese, die schlau berechnend sich zugleich an die heuchelnde Kirchlichkeit wie das trotzig selbstbewußte Vaterlandsgefühl der Massen wendet, verhängnisvoll werden für die Zukunft des Landes und der in sein Geschick verwickelten Fremden.

Die Brandung des von der rührigen Geistlichkeit aufgewühlten Unwillens im Volk konnte auch hinter den dicken Mauern des Sultanspalastes nicht überhört werden. Hinaus mit den Christen und Fremden! war die Forderung, die zuerst und am lautesten erhoben wurde. An alle in Diensten der Regierung stehenden Fremden erging die Aufforderung, sich zum Verlassen des Landes bereitzuhalten. Als erstes Opfer fiel ein englischer Zeitungsmann, der infolge seiner Kenntnis des Arabischen stets unmittelbar mit dem Sultan hatte verkehren können und trotz seiner Eigenschaft als bloßer Privatmann eine wichtige Rolle am Hofe gespielt hatte. Hals über Kopf mußte er die Hauptstadt verlassen. Aufgeregt und erschöpft kam er an der Küste an, sein Pferd hatte er zuschanden geritten, als ob hinter ihm her die Aufständischen gejagt kämen, die sein Blut forderten. In dieser Verfassung schickte er seinen berühmten Drahtbericht, der in Europa den Grundton und einen grundfalschen Ton anschlug zur Beurteilung der Dinge, die sich am Hof und im Lande abspielten.

In Tanger, wo man allerdings dem Rif und seinen gefürchteten Bergberbern näher ist als in andern Küstenstädten, wuchs die Aufregung unter freundlicher Mitwirkung der rasch ins Land strömenden ausländischen Berichterstatter aufs höchste und verschuldete jene in Erregung und Unkenntnis übertreibenden Berichte über die angeblich im Lande herrschende offene Empörung und Zuchtlosigkeit, die auch heute noch die europäische Presse zu beeinflussen scheinen. Aus Fes begannen die Flüchtlinge anzukommen. Der Sultan hatte in der Tat seine englischen Techniker, Photographen und die Unterbeamten seiner Instrukteure entlassen. Aber auch andere Gäste erschienen, deren frühzeitige Flucht leicht falsch gedeutet werden konnte. Das erst kürzlich in Fes begründete deutsche Berufskonsulat wurde geräumt, und auch die wenigen, in der Hauptstadt lebenden deutschen Kaufleute erhielten von der Gesandtschaft den Rat, sich zur Küste zu retten. Unter solchen Umständen war vorauszusehen, daß mir in Tanger jedermann von einer Reise ins Innere abraten würde. Und obwohl ich erst lange, nachdem der Hauptsturm der Bestürzung und Befürchtungen sich gelegt hatte, ins Land kam, fand ich doch in der Stadt den Eindruck vorwalten, das ganze Land stehe in Flammen, und eine Reise zur Hauptstadt sei ein törichtes Wagnis. Auch die amtliche Vertretung unserer Regierung hielt es für ihre Pflicht, mir unter den obwaltenden Verhältnissen von meinem Vorhaben abzuraten. Aber als ich erst erklärt hatte, jede Verantwortung für etwaiges Mißgeschick selbstverständlich ganz auf meine eigenen Schultern nehmen zu wollen, fand ich hier wie bei befreundeten Landsleuten nur die bereitwilligste Förderung meines Plans.

Die größte Schwierigkeit machte die Beschaffung eines guten Reitpferdes und eines zuverlässigen Dieners und Dolmetschers. An guten Pferden ist natürlich in einem so ausgeprägten Reiterlande wie Marokko kein Mangel, und in einer von Ausflüglern überschwemmten Hafenstadt erst recht nicht. Aber gerade darin lag die Schwierigkeit. Mit Rücksicht auf diese Vergnügungsreisenden, die während der Frühjahrsmonate und anfangs Sommers in Tanger auftauchen, wollen die Pferdehändler ihre Tiere nicht verkaufen. Es ist für sie weit einträglicher, Tag für Tag ihren Stall an die Gasthöfe und ihre Kunden auszumieten, die fast stets auf ihr kurzes marokkanisches Programm einen Ausflug zum Vorgebirge Spartel oder der malerisch gelegenen, nur eine Tagereise entfernten Stadt Tetuan gesetzt haben. Auf diese Weise bringt ihnen jedes Pferd täglich 5—10 Peseten und mehr ein, während der Verkauf nicht mehr als deren 100—300 verschafft. Endlich, nach vielem Probieren und Probereiten, war ein Tier gefunden, das für einen allerdings stark kriegsmäßigen Preis ein gutes Reitpferd zu sein versprach, und mit ähnlicher Mühe war ein Maure aufgetrieben, der als Karawanenführer dienen und mit seinen bescheidenen Kenntnissen im Spanischen und in der Kochkunst zugleich notdürftig die Dienste eines Dolmetschers und Kochs versehen konnte. Gar keine Not dagegen verursachten die Maultiertreiber. Bei ihnen allein schien das Angebot auf dem Markt die Nachfrage zu übertreffen, und sie alle waren auch ohne weiteres bereit, die Reise nach Fes anzutreten. Das schien mir ein gutes Zeichen. Solche Leute, die ihr ganzes Leben auf der Landstraße und in den öffentlichen Karawansereien zubringen, haben für die tatsächlich herrschenden politischen Zustände, soweit sie sich aus der Sicherheit in Stadt und Land ermessen lassen, ein vielleicht viel treffenderes Urteil als diejenigen, die sich ihre Meinung auf Grund der stets aus zweiter und dritter Hand stammenden Erzählungen berufsmäßiger Nachrichtensammler und Zuträger zurechtmachen müssen.

So zog ich denn eines schönen Tages, von den besten Wünschen meiner neuerworbenen Freunde unter den Tangerer Landsleuten und von den Gebeten der Bettler begleitet, zur Stadt hinaus. Ohne Allahs Segen, mittels einigen Kleingelds von den zahllosen Taugenichtsen, Tagedieben, Lahmen und Blinden und mehr oder weniger „Heiligen", ungeziefergeplagten, schmutzigen Straßenbummlern herabgefleht, hat wohl noch kein Fremder die Stadt verlassen. Die Kunde von der beabsichtigten Reise verbreitete sich mit Windeseile gleich einem großen Ereignis in alle Schlupfwinkel und zu allen Eckensteherplätzen, die die gesamte Bettlerzunft innehat. Und je weiter die Verladung des Gepäckes auf die Lasttiere vor sich geht, desto dichter wird die Schar der Glückliche=Reise=Beter, die den Augenblick des endlichen Aufbruchs abwarten. Und dieser Augenblick gehört in diesen glücklichen Ländern der Zeitvergeudung zu denen, die stets eine Verspätung haben wie ein sibirischer Schnellzug, wobei man nicht mehr nach Minuten, sondern nach Stunden rechnet. Auch meine Abreise war auf den frühen Morgen festgesetzt. Aber bis nun alles richtig verpackt war, die Lasten angemessen auf die Tiere verteilt und jede Seite der braven Maulesel gleichmäßig belastet, wurde es Mittag und wurde es Nachmittag. Der Mueddhin rief schon von der Zinne der Hauptmoschee das aschia, das Ende des Nachmittagsgebets aus, als ich endlich zum letztenmal über den lieben Soco Chico zog, noch rasch mit unserm wackern deutschen Postdirektor einen letzten Händedruck wechselte und über den großen äußern Markt, zwischen den kleinen Zelten der Gemüsekrämer und Pferdehändler und den dichten Zuschauerreihen beim Gaukler und Schlangenbeschwörer hindurch, die Stadt verließ und meinem Geleitsoldaten nach Südwesten ins Freie folgte.

Man fühlt sich so unendlich erleichtert, wenn man endlich nach all den kleinen Ärgernissen und Mühseligkeiten der Reisevorbereitungen sich wirklich mit seiner Karawane in Bewegung setzen kann, daß man selbst den schreienden und zudringlichen Bettlern zum ersten= und letztenmal ein freundliches Gesicht zeigt. Der Dolmetscher darf diesmal großmütig ein paar Handvoll kleinster Münze unter die Krüppel und Geblendeten, die Faulenzer und gewesenen oder angehenden Verbrecher werfen und dann mit ein paar freundlichen Worten erwidern auf das allgemeine Dankgeschrei, das sich nun aus ein paar Dutzend heiserer abgeschrieener Bettlerkehlen erhebt. „Barak allahu fik" (Gott segne dich)!) und „fi mân illah" (reise im Schutze Gottes!) tönt es aus der Menge, die uns noch durch das Gewühl des Marktes ihr Geleit gibt, weniger natürlich, um noch bis zum Schluß ihre frommen Wünsche uns hören zu lassen, als in der Hoffnung, daß noch einmal und noch einmal so eine Handvoll grober Kupferstücke und einiger winziger Silberlinge ihnen auf die Köpfe hageln möge. Und wenn auch der christenhassende Gott „derer, die seiner Gnade sich freuen", wie es im Anfang des Korans heißt, sich nicht viel um die Reisesicherheit des Ungläubigen bekümmern mag, es ist doch ein wohltuender letzter Eindruck, der uns hinausbegleitet aus der „Stadt der Hunde" auf unsern Weg ins Innere, in das unbekannte Land der Mauren, denen von allen Übeln der reisende Fremdling und christliche Späher das größte ist.

Es war eine bescheidene kleine Karawane, an deren Spitze ich zur Stadt hinauszog. Einige Engländer und auch ein deutscher Landsmann, die ich im Gasthof kennengelernt hatte, waren wiederholt mit dem Vorschlag an mich herangetreten, mit ihnen gemeinsam die Reise zu machen. Aber mit Fremden, deren Reisegewohnheiten und Neigungen man nicht genau kennt, sich auf so enge Genossenschaft einzulassen, wie sie Karawane und Zelt notwendig mit sich bringen, ist ein mißlich Ding für jemand, der sich seine Unabhängigkeit und sein Verfügungsrecht über Richtung, Art und Dauer der Reise bewahren will. So hatte ich ihnen, die allein den Aufbruch ins Innere zu wagen nicht recht Lust hatten, eine abschlägige Antwort gegeben und war damit der einzige Europäer meiner kleinen Karawane und mein eigener Herr geblieben. Das war mir um so wertvoller, als ich nach der Schilderung, die mir in Tanger von den Zuständen im Lande gemacht wurde, täglich damit rechnen mußte, durch die Aufständischen oder durch dreiste Räuberbanden, wie sie die Heerstraßen unsicher machen sollten, zur Umkehr gezwungen zu werden. Um in solchem Falle doch wenigstens etwas von der gescheiterten Reise zu haben, hatte ich mir vorgenommen, nicht den üblichen Karawanenweg zu ziehen, der, ohne bemerkenswertere Ortschaften zu berühren, in gerader Linie zur Hauptstadt führt, sondern durch ganz geringfügige Umwege meine Route so einzurichten, daß ich schon vor meiner Ankunft in Fes vier oder fünf bedeutendere Städte dieses nordwestlichsten Teiles von Marokko kennengelernt haben würde.

Wie es seit erdenklichen Zeiten für jeden ins Land kommenden Ausländer üblich ist, hatte ich mir auch durch die freundliche Vermittlung unserer Gesandtschaft den berühmten Schutzsoldaten verschreiben lassen, der den reisenden Fremdling auf Schritt und Tritt begleitet und im Namen des Sultans Achtung und Schutz für ihn fordert. Diese wackern Leute werden Mokhasnija (Einzahl Mokhasni) genannt, „Regierungsmänner" oder wörtlicher „Schatzhausbeamte"; denn bezeichnend genug heißt in Marokko die Regierung des Sultans mit dem Hofstaat und allem, was dazu gehört, Makhsen, was im klassischen Arabisch einfach Speicher, Lagerhaus bedeutet, worin auch der Laie leicht den Ursprung unseres Fremdwortes Magazin erkennen wird: in diesem gesegneten Lande der amtlichen Selbstsucht ist eben das Wichtigste für den Herrscher und seine Beamten das Einsammeln und Aufspeichern der Steuern und Abgaben, die das Volk für seines Königs höchsteignes Wohlergehen, nicht etwa zu Nutz und Frommen des Landes, aufbringen muß.

Mein Mokhasni ließ sich stolz Kaid Muhammed nennen, obwohl er gewiß nie in seinem Leben so viele Soldaten zusammen gesehen hatte, wie ein Kaid (Oberst) eigentlich befehligen soll. Auch der englische Chefinstrukteur der Truppen des Sultans führt nur den Titel Kaid, obwohl ihm doch die ganze Leibwache unmittelbar untersteht. Aber ohne hochtrabende Titel und Anreden geht's hier nicht, und die Maultiertreiber beeilten sich denn auch, in ihrer Anrede an den Gewaltigen stets den Kaid zu betonen, oder wie man hier im Norden mit gänzlicher Verhauchung des Kehllautes spricht: Aid. Der würdige Herr machte einen ganz stattlichen Eindruck auf seinem großen Rappen, mit der unendlich langen Flinte und dem großen Mordschwert an der Seite. Ein langer, eisgrauer Bart wallte ihm hinab auf seine breite Heldenbrust, und wenn man hinter dem schön gebäumten Halse seines Hengstes die straff aufgerichtete Gestalt des kriegerischen Greises auftauchen sah, hätte man schon an den Cid Campeador denken können, wie er mit weißwallendem Mantel gegen die Ungläubigen zu Felde zieht. In der Nähe betrachtet aber verwandelte sich der alte Haudegen doch in ein recht friedliches Menschenkind, dem wohl alles andere näher lag als Mord und Blutvergießen. Wenn er absaß, konnte man zwar seinen hohen Wuchs und seine kräftigen Glieder bewundern, aber zugleich auch entdecken, daß er gänzlich lahm war, ähnlich wie sein Schlachtroß, dessen einzige Gangart ein greisenhaftes Trippeln war. Und selbst zu dieser schüchternen Art der Fortbewegung reichten die Willenskräfte der ausgedienten Mähre nicht mehr aus. Sie mußte dazu fortwährend angetrieben werden mit dem gewaltigen langen Sporn, den sich ihr Reiter über seinen bloßen rechten Fuß geschnallt hatte. Mit diesem langen scharfen Eisen kitzelte er fortwährend die schon gänzlich aufgerissene enthaarte Weiche des armen Tieres, das überdies noch durch das grausame landesübliche Gebiß und die törichte Art der Sattlung recht gequält wurde. Indessen scheinen hier auch die Tiere der großen Weisheit des Schicksalsglaubens zu huldigen, sie sagen sich vermutlich auch: mektûb, es steht so geschrieben, dagegen läßt sich nichts tun, el hamdu lillah, gepriesen sei Gott, und damit ist alles erledigt.

Ein so betagter, lahmer Kriegsmann auf schlecht genährter, geschundener Rosinante ist natürlich auf der Reise alles andere eher als ein wirklicher Schutz. Die alte Donnerbüchse, von der altertümlichen, aus dem Sûs, der Südwestprovinz Marokkos, stammenden Art mit dem unendlich langen Lauf und dem zierlichen metallbeschlagenen Schaft, war augenscheinlich eine mehr malerische als wirksame Waffe, die er überdies stets in einen Bezug aus leuchtend rotem Filztuch eingehüllt trug. Wenn er überhaupt Pulver und Blei dazu besaß, konnte es nur sehr wenig sein, denn außer der roten Ledertasche, die jeder Marokkaner umgehängt trägt, hatte er nichts mit sich. Aber die Sage geht, daß diese unerschrockenen Mokhasnija im Falle eines wirklichen Angriffs immer die ersten sind, die den bessern Teil der Tapferkeit in der Klugheit sehen und ausreißen, ehe sie sich zu der peinlichen Notwendigkeit verstehen, die Knarre aus dem Überzug zu nehmen, den endlosen Ladestock zu ziehen und Ernst zu machen. Trotzdem ist der Reisende verpflichtet, sich die Begleitung einer so überflüssigen Zierde seiner Karawane aufbürden zu lassen. Und zwar geht der Zwang zunächst von den Gesandtschaften aus, die nur unter dem Schutze eines solchen Begleitsoldaten ihre Landesangehörigen ins Innere ziehen lassen. Der Mokhasni nämlich ist die Handhabe, womit bei Bedarf die Schadenersatzansprüche geltend gemacht werden können. Ist ein Reisender trotz der Begleitung eines Soldaten zu Schaden gekommen, so erkennt die marokkanische Regierung stets ihre Verpflichtung an, Genugtuung zu leisten. Um sich diese verlockende Barzahlung zu sichern, wird natürlich jeder Fremde, der dumm genug ist, in Marokko reisen zu wollen, mit Vergnügen die anderthalb Duro (etwa 4,50 Mk. nach heutigem Kurs) täglich zahlen, die ihm von der Regierung für den Soldaten abgefordert werden. Er wird dabei, wenn er erst ein paar Wochen unterwegs ist, die Entdeckung machen, daß nicht nur in der Diplomatie die Marokkaner den Europäern über sind, sondern auch in den Künsten der Lebensversicherungsberechnung. In meinem Falle z. B. konnte die Regierung für den eingebildeten Schutz meiner Karawane ein paar hundert Peseten in die Tasche stecken. Ich nehme wenigstens an, daß der Soldat den größern Teil dieses ihm am Ende der Reise ausbezahlten Geldes dem Statthalter von Tanger hat abliefern müssen; ausgegeben hatte er unterwegs nichts davon, obwohl er nach dem Vertrage sich selbst und sein Tier damit beköstigen sollte. Aber nach Landessitte hatte er sich sein bißchen Gerste und Gras stets von den Dörflern liefern lassen, in deren Gebiet das Lager aufgeschlagen wurde. Und das ist eigentlich der Hauptnachteil, der dem Reisenden wie dem Lande aus dieser Schutzbegleitung erwächst: das Volk wird nicht entschädigt für die Leistungen, die der Mokhasni von ihm fordert, und vermehrte Wut der Eingeborenen gegen die Fremden, die diesem Verfahren hilflos zusehen müssen, ist die Folge.

Aber malerisch wenigstens war er, mein alter Krieger, und das ist die Hauptsache in diesem Lande, wo uns alles so fremdartig und altertümlich unberührt anmutet, sobald wir erst die letzten Häuser der europäischen Hafenstadt hinter uns haben. Meine Maultiere mit dem Zelt und den Kisten und Kasten für Küche und Haus, die Treiber, die geduldig hinter ihren Tieren hertrotteten und mit nimmer verstummendem Zuruf „arra, arra, sse!" und „ri, ri!" ihnen den spitzen Treiberstock in die blutende Kruppe stoßen; der selbstbewußt auf hohem Pferde thronende Dolmetscher mit seiner kleinen Hanfpfeife, die zahlreichen Reisenden und Packtiere, die mit uns dieselbe Straße ziehen oder uns entgegenkommen; die hinter dicken Hecken von Opuntien und Agaven versteckten Dorfhütten — all das ist so echt, so weltentrückt, daß man Tanger mit seiner Halbkultur alsbald vergißt und sich willig den neuen unverfälschten Eindrücken überläßt. War schon der Übergang von der spanischen Küste zur marokkanischen Hafenstadt mit seinem unvermittelten Bilderwechsel ein reizvolles Erlebnis, so fühlt man sich auch hier, ein paar Minuten hinter der Stadt, wie mit einem Ruck in eine neue Welt versetzt, der man die nahe europäische Nachbarschaft nicht mehr anmerken kann.

Da ist nichts, was das vollkommene Bild morgenländischen Lebens und nordafrikanischer Landschaft stören könnte, nicht eine Form, nicht ein Laut, die nicht hineinpaßten in dieses Bild mittelalterlicher Ländlichkeit, in diese friedlich schweigende Frühlingslandschaft unter mildem, strahlendblauem Himmel, in dies Menschengetriebe, das sich vielleicht in nichts unterscheidet von dem, das sich auf demselben Boden vor Jahrhunderten oder gar Jahrtausenden abgespielt haben mag. Die Wege sind dieselben wie damals, das heißt einfach die breit ausgetretenen Spuren langer Geschlechter von Packtieren und Treibern, die Verfrachtung der Waren geschieht noch wie in den Urzeiten in höchst einfachen, aus Ried und Halfa geflochtenen Hängekörben auf Esels oder Maultiers Rücken, und auch die Waren werden mit ganz verschwindenden Ausnahmen dieselben sein wie Anno dazumal. Selbst die Menschen werden sich wenig verändert haben seit den Anfängen marokkanischer Geschichte, sicherlich aber kaum noch nach der mohammedanischen Eroberung. In diesen Äußerlichkeiten kann das Land der Scherifs es an beharrlichem Festhalten alter Überlieferung wohl getrost aufnehmen mit den Ländern des fernen Ostens, nur daß es diesen überlegen ist an Vielgestaltigkeit und Vermischung von Völkern und ihren Bestrebungen. In Ostasien ist in allem ein überwältigender Zug ins gemeinsame Große, alles erscheint dort nach demselben uralten Muster geformt und getan, in Schrift und Schrifttum, Baukunst und Kleidung, Glaubenslehre und Sittengesetz. In Marokko sind von solcher Einheit und

Beständigkeit nur die Bestrebungen und Einwirkungen des Islam mit ihrer verflachenden Verbreitung der arabischen Sprache. Ihnen gegenüber, als abwehrendes Bollwerk, im innersten Kern doch unzerstörbar, steht das Berbertum, und als weitere trennende, eigene Formen zäher Eigenart darbietende Elemente die Juden, und zwar die uralten, unmittelbar aus Palästina und Ägypten stammenden Urjuden, und die aus Spanien zurückgewanderten, noch heute Spanisch redenden „hispanischen" Juden, beide verschieden voneinander in allen Lebensäußerungen und weitere Mannigfaltigkeit in das Gesamtbild marokkanischen Lebens einfügend.

Wie ein Ausschnitt aus diesem bunten Völkergemisch Marokkos erschien mir meine kleine Karawane, als ich in der späten Nacht des ersten Reisetages beim Mondenschein dem Aufschlagen meines Zeltes zusah und Mauren, nomadische Araber und Berber, in friedlichem Verein für den „Römer" arbeiten sah, während sie sich untereinander derselben arabischen Sprache bedienten und unermüdlich denselben Propheten und andere dii minorum gentium*) des mohammedanischen Kalenders anriefen.

---

*) Geringere Götter, hier etwa = Heilige.

Aſaila.

Der erſte größere Ort, den ich mir, von dem üblichen Reiſewege abweichend, zu beſuchen vorgenommen hatte, war die Stadt Aſaila. Nachdem ich einen Tag lang über die im ſchönſten Frühlingsſchmuck grünenden und blühenden Ausläufer des Dſchebbel Habib gezogen war, ſtieg ich am Morgen des dritten Reiſetages, nach Weſten zur Küſte abbiegend, hinab in die Strandebene, auf der die langen Wellen des Atlantiſchen Ozeans den Sandboden zu einem prächtig glatten Spazierweg umgeformt hatten. Für Menſchen wie Tiere war es nach der Kletterei in den Hügeln eine wohltuende Erholung, auf dieſen nachgebenden ſtaubfreien Ebbegrund die Füße ſetzen zu können, ohne jeden Augenblick auf Steingeröll und Wurzeln acht geben zu brauchen. Aber es war glühend heiß. Die erfriſchenden Winde, die oben in 300 m Höhe geweht hatten, und bei der Meeresnähe der Höhen und dem dadurch veranlaßten lebhaften Luftausgleich faſt nie ganz aufhörten, waren unten am Waſſer kaum mehr zu ſpüren. Sie ſchienen eingeſchlafen zu ſein, in der Mittagshitze ermüdet wie wir; stumpf und gleichmäßig setzten wir Schritt vor Schritt in den weichen Sand, der die flimmernden Lichtwellen der Vormittagssonne auf und ab tanzen ließ wie die zitternden Luftschichten über einem Rauchfang. Da erschien mit einemmal die endlose schmale Strandebene wie abgeschnitten; ein breites, festungsähnliches Mauerwerk füllte den schmalen Streifen aus, der zwischen dem hügeligen Dünenvorland und dem Ebbestrand lag, und Zinnen, Türme, Wälle erheben sich, fast farblos oder schwarz aussehend, in dem grellen, steil herabkommenden Licht. Das ist Asaila,*) vielleicht die älteste und an wechselvollem Geschick reichste Stadt Marokkos.

Ehe ich meine Reise zum Genusse dieses geschichtlichen Leckerbissens unterbrach, wollte ich Körper und Geist gebührend darauf vorbereiten und rasch ein kleines Seebad nehmen. Ich schickte also meine Maultiertreiber voraus mit der Weisung, die Zelte gegen Sonnenuntergang an einem etwa 30 km weiter südlich an der Küste gelegenen Ort aufzuschlagen, den ich mit Hilfe meiner französischen Karten ausfindig machte. Nur Dolmetscher und Soldat blieben bei mir, um während meines Bades meine Sachen zu behüten. Kaum war ich im Wasser, das trotz seiner Wärme von 20° C. außerordentlich erfrischend und belebend

---

*) Auf unsern Karten erscheint der Name auch als Arsila oder Arzilla. Im Arabischen ist gar kein R in dem Wort, ebensowenig wie in Tanger (Tandscha). Die Mauren und die Einwohner selbst sprechen Asaila.

Ansicht von Ajaila von der Landseite. Portugiesische Befestigungen.

wirkte, als von der Stadt her eiligen Laufs Gruppen von Männern und Kindern herankamen. Es waren Juden, die von weitem schon die Ankunft des Europäers gesehen haben mochten und nun den seltenen Gast aus der Nähe betrachten wollten. In ihrem Städtchen gibt es keine Europäer, und nun gar einen gänzlich nackten Weißen mochten sie für eine besondere Sehenswürdigkeit halten, zu deren Besichtigung es sich schon lohnte, in brütender Mittagsglut einen kleinen Trab hinaus zur Stadt zu machen. Voller neugieriger Scheu standen sie nun da, beobachteten mich beim Schwimmen und tauschten leise Bemerkungen unter sich aus. Bald faßten sie sich ein Herz und musterten meine im Sande liegenden Sachen, Reitanzug, Stiefel, Reitpeitsche und meine verschiedenen photographischen Apparate, die der Dolmetscher stets bei sich führen und zum Gebrauch bereithalten mußte. Sobald aber so ein naseweiser kleiner Judenbengel kühn seine Hand ausstreckte, um den silbernen Knauf meines Reitstocks zu befühlen, da ließ ihm mein Mokhasni, der bis dahin wie teilnahmlos neben meinen Kleidern im Sande gesessen hatte, seinen Gewehrkolben im Schwunge übers Schienbein sausen, so daß der arme Sünder sofort zu Boden stürzte. Natürlich allgemeines Wehgeschrei, Geschimpf, eilige Flucht der Jüngern und lebhaftes Fluchen der Ältern. Der Soldat fühlte sich nun als Vertreter des Sultans, vielleicht glaubte er sich auch zum fidei defensor *) berufen und schritt mit mächtigen

*) Verteidiger des Glaubens.

Schritten, sein lahmgeschossenes Bein nachziehend und drohend seine lange Flinte schwingend, auf die eingeschüchterten und schon halb zur Flucht gewandten Leute zu. Ich rief dem Dolmetscher zu, er solle sie ruhig gewähren lassen, aber zu spät, der Soldat waltete seines Amtes und trieb mit Tritten und Kolbenschlägen die armen Kerle völlig in die Flucht. Der Dolmetscher aber, dem ich aus meiner hilflosen Lage im Wasser heraus Vorwürfe machte, hatte nur die Antwort: „Son Judios, Senor". Ja, wenn es „nur Juden" waren, ließ sich in Marokko nichts mehr sagen.

Schon eine Stunde später gab's einen ganz ähnlichen Zwischenfall. Ich war eben in die Stadt eingeritten und hatte mich im Schatten eines alten zerbröckelnden Torwegs in der Seefestung auf die Erde gesetzt, um ein wenig zu verschnaufen, bis vom Statthalter die Erlaubnis käme, in den alten Befestigungsanlagen ein wenig herumzuklettern. Wie immer war ich alsbald von Neugierigen umlagert. Fast die ganze Gesellschaft lutschte an Apfelsinen, die so saftig und verlockend aussahen, daß ich einen Jungen aus der Menge der Zuschauer ausschickte mit der Bitte, mir ein Dutzend zu kaufen. Er kam alsbald mit den Früchten wieder, und ich gab ihm eine kleine Silbermünze, die vielleicht den fünffachen Wert der durch ihre Überfülle fast gänzlich wertlosen Apfelsinen darstellte. Kaum machte er Miene, das kleine Geldstück irgendwo in seinem Gürtel zu verbergen, als die im Torwege herumlungernden Festungssoldaten über ihn

herfielen und ihm das Geld wegnahmen. Auch er
war „nur ein Jude". Ich mußte es schon einigermaßen
schlau anstellen, um ihm nachher ungesehen von nei=
dischen Muselmanen noch einmal zuzustecken, was ihm
zukam.

Während sich dieser kleine Auftritt abspielte, den
ich nur zur Beleuchtung des Verhältnisses zwischen
Mohammedanern und Juden erzähle, war dicht dabei
noch eine weitere kleine Probe von marokkanischer
Judenhetze vor sich gegangen, die dritte, die ich im
Laufe von einer Stunde mit ansehen mußte, und deren
unschuldige Veranlassung ich geworden war. Beim
Absitzen hatte ich mein Pferd und die meiner Diener
der um mich drängenden Straßenjugend überlassen,
die geduldig die Tiere am Zügel zu halten und dafür
ein kleines Trinkgeld zu erwarten pflegt. Einige
andere Tiere, Pferde und Maulesel von Soldaten oder
Reisenden, standen ebenfalls auf dem Hofe umher und
drängten sich dicht im Schatten der alten dicken Mauern
zusammen. Eins dieser Maultiere versuchte freund
schaftliche Beziehungen zu meiner Karawane anzu=
knüpfen und begann mein Pferd sacht und prüfend
zu beschnüffeln, und zwar gerade an einer Stelle, wo
auch die geduldigsten Geschöpfe etwas kitzlich sind. Mein
wackerer Berberhengst wieherte denn auch sofort ent=
rüstet, keilte kräftig nach hinten aus und traf nicht nur
das neugierige Maultier, sondern auch einen Araber,
der unter den Müßiggängern dicht hinter ihm ge
standen hatte. Der Unglücksmensch bekam ein paar

gewaltige Huftritte vor den Bauch, fiel ächzend zu
Boden und ließ sich dabei noch einen dumpfdröhnenden
Schlag auf den Rücken versetzen. Meine erste Bewe=
gung war, sobald das Schreien des ausschlagenden
Pferdes und die vielstimmigen Rufe der Zuschauer
mich aus meiner apfelsinenvertilgenden Ruhe aufge=
scheucht hatten, nach dem Mann zu sehen, der sich
nun wimmernd und stöhnend am Boden wälzte. Die
Araber aber hatten nichts Eiligeres zu tun, als auf
den Pferdejungen zuzustürzen und ihn roh zu miß=
handeln, obwohl er an der ganzen Sache gänzlich un=
schuldig war. Aber auch er war ein Jude und mußte
nun seinen eifrigen Erwerbssinn, womit er im Wett=
streit um die Pferdezügel über die faulern Araber den
Sieg davongetragen hatte, schwer büßen und zu seinem
kleinen Trinkgeld Stöße und Püffe und unzählige
Flüche in Kauf nehmen.

Dem geschlagenen Mann schien übrigens nichts
Ernstliches zugestoßen zu sein, und als ich ihm als
Schmerzensgeld den üblichen Silberling in die Hand
drückte, da verstummte sein Wehgestöhn, und einmal
übers andere sagte er „la bâss, la bâss!" (Es ist gut,
hat nichts zu bedeuten.) Dies nützliche Wort „la bâss"
spielt hierzulande eine große Rolle, es ist eine der
häufigsten Redensarten, die man hören kann. Eigent=
lich heißt es „kein Unglück"; aber diese Bedeutung
hat sich sehr abgeschwächt zu dem Sinne „nicht übel,
ganz gut".

Auch ich sagte nun meinerseits „el hamdu lillah,

la bâss („gepriesen sei Gott, ein Glück!"), als diese Anfänge kleiner Judenhetzen, aus denen ja so leicht sich Böseres hätte entwickeln können, vorübergegangen waren ohne ernste Verwicklungen oder gar Blutvergießen, und stieg mit meinen Apparaten auf die Mauer der alten Festung, die sich als einziger Zeuge früherer Größe in Asaila erhalten hat. Während ich noch dabei war, mir einen guten Standplatz für eine photographische Aufnahme zu wählen, und mit dem Sucher vorm Auge auf dem alten Gemäuer entlangging, tönte von unten mit einemmal lautes Geschrei herauf, und ich sah zu meinem Schrecken, daß sich ein dichter Haufen von Gesindel unten angesammelt hatte, der all meinen Bewegungen gefolgt sein mußte, denn er stand jetzt unmittelbar unter mir am Fuß der Mauer und schrie allerhand unverständliches Zeug zu mir herauf. Daß es nichts Wohlwollendes war, was man mir da zu sagen wünschte, erkannte ich aus der raschen Bewegung der Leute und den zahlreichen drohenden Fäusten, die sich zu mir emporreckten; aus dem Lärm allein hätte ich's nicht schließen dürfen, denn diese braven Marokkaner verlieren ihre vielgerühmte Ruhe bei der geringsten Ursache und wenden dann ihre Stimmittel um so eifriger an, je weniger sie an Tätlichkeiten denken. Endlich hörte ich aus dem Getöse das Wort „dschâma, dschâma" heraus, und des Rätsels Lösung war alsbald gefunden. Ich war beim Umherwandern auf den ausgedehnten Mauerwerken auf ein Stück geraten, dessen frischen Kalküberwurf ich nicht beachtet

hatte. Und gerade dieses Stück von Alt-Asaila war
das einzige, das für die Leute unten Interesse hatte.
Man hatte in diese Reste der alten Festung eine
Moschee eingebaut, ohne Minarett, ohne jedes andere
äußere Kennzeichen als den sauber getünchten Dach-
belag, und ohne zu wissen, welch geweihten Boden ich
mit meinen christenhündischen Stiefeln betrat, war ich
der Moschee (dschâma) von Asaila aufs Dach gestiegen.
Mein Dolmetscher war nicht zur Stelle, so daß die
schöne Rede, die ich nun oben von der Festungsmauer
an das unten tobende Volk hielt, wohl zu den bekannten Perlen gerechnet werden mußte, die man dem
bekannten nützlichen Haustier nicht vorwerfen sollte.
Da ich sie aber mit freundlichen Gebärden begleitete
und vor allem schleunigst vom heiligen Moscheedach
verschwand und von einer andern Stelle aus zu pho-
tographieren begann, verlief auch dieses kleine Abenteuer gänzlich harmlos und war nur willkommen und
lehrreich als Beleg für die alte Weisheit, aus welch
nichtigen Gründen man in Ländern, wo beschränkte
Pfaffen das Volk verdummen und aufhetzen, in pein-
liche Lagen und, wenn's das Unglück will, auch in
Lebensgefahr kommen kann.

Nun hatte ich endlich Zeit und Ruhe, das sich
vor meinen Augen ausbreitende wunderbare Bild in
mich aufzunehmen. Ein Stück europäischen Mittelalters an die Küste des Atlantischen Ozeans versetzt
und belebt von morgenländischen Gestalten im weißen,
wallenden Burnus, beschienen von heißer afrikanischer

Sonne. So stellt sich Asaila dar, das rührendste und
beredteste Zeugnis der heute so ganz und gar ver=
gessenen heldenhaften Anstrengungen der Spanier und
Portugiesen an Marokkos Küste.

Wenn jemand die Uranfänge marokkanischer Ge=
schichte untersuchen wollte, müßte er mit der Erforschung
des atlantischen Küstenstrichs beginnen, an dem Asaila
liegt. Hier, wo die Flüsse Ued el Akwas und el Kus
ins Meer gehen, liegen dicht gedrängt die allerdings
arg verwischten Spuren der ältesten Überlieferungen,
mit denen Marokko an der Weltgeschichte teilnimmt.
Aus dem Bericht des karthagischen Seefahrers Hanno
läßt sich der Vorjahr Asailas an dieser für den Welt=
handel so außerordentlich günstigen Stelle nachweisen.
Schon zur Zeit der römischen Republik standen hier
große Handelsniederlassungen, und Plinius erwähnt
ausdrücklich, daß Kaiser Augustus die Stadt Zilis,
später Zilia Constantia und Julia Traducta genannt,
der unmittelbaren Gerichtsbarkeit der Provinz Baetica
unterstellt habe. Aber schon Jahrhunderte oder gar
Jahrtausende vor diesen ersten Betätigungen großer
weltbeherrschender Völker, wie der Karthager und
Römer, haben hier Menschen gehaust, die uns ihre
Denkmäler hinterlassen haben. Etwa 20 km landein=
wärts von Asaila finden sich ausgedehnte Opferstätten
und Grabdenkmäler vorgeschichtlicher Stämme, von
denen wir keine andere Kunde haben als eben diese

gewaltigen steinernen Zeugen. Vorläufig sind sie noch stumm für uns, wir wissen nichts mit ihnen anzufangen. In Anlage und Form ganz wie die Hünengräber unserer nordeuropäischen Heimat, stehen diese urmarokkanischen Altertümer da und mögen lächeln über die kindliche Scheu der Berber, die in ihnen das Werk mächtiger Geister sieht, und über die unwissende Gleichgültigkeit der Europäer Marokkos, unter denen nur vereinzelten die hier fast amerikanisch geartete Sucht des Gelderwerbs noch ein wenig Hirn und Muße übrig läßt für ein bißchen Nachdenken und Forschen über Land und Leute.

Französische Diplomaten sind es gewesen, die allein bisher die vorgeschichtlichen Altertümer von Msora bei Asaila untersucht haben. Da aber Ausgrabungen und gründliche Erforschung der im ganzen Lande vorkommenden Gänge vorgeschichtlicher Höhlenbewohner noch nicht vorgenommen worden und vorläufig wegen des Mißtrauens der Bevölkerung wohl auch unmöglich sind, so ist man nicht sehr viel klüger als zuvor.

Ein klares Bild von Asailas Geschichte kann man sich erst machen von der Zeit ab, wo die arabischen Historiker mit ihren Überlieferungen einsetzen. Da hören wir, daß noch zu Anfang des 8. christlichen Jahrhunderts die Westgoten hier saßen, daß 200 Jahre später die Normannen den unterdes schon von den Arabern eroberten Ort einnahmen und zerstörten, daß furchtbare Zustände von Verwüstung, Unterdrückung durch arabische Herrscher abwechselten mit Heimsuchungen durch Seuchen und Seeräuber, bis dann im 15. und 16. Jahrhundert mit dem Erscheinen der Portugiesen an der atlantischen Küste Marokkos die eigentliche Leidenszeit begann, die durch ein langes Auf und Ab von Blüte und Niedergang, von Herrscherwechsel, Eroberung und Zerstörung, Wiederaufbau und Feuersbrünsten, Judenhetzen und Christenverfolgungen den unglückseligen Ort zu dem machten, was er heute ist, einem toten Rest in einem prunkvollen morschen Rahmen.

Es hat etwas Wehmütiges, dieses Bild des heutigen Asaila, etwas, was an gestorbene Städte wie Ravenna erinnert, oder Brügge, oder, um im Bereich portugiesischer Erinnerungen zu bleiben, an Goa und Damaon in Indien. Eine gewaltige Stadtmauer mit mächtigen Toren, an deren einem noch das Wappen von Portugal und Algarve (el Gharb = der Westen) prangt, und massige Mauerreste königlicher Festungsbauten schließen den Ort ein, der nach seiner heutigen Einwohnerzahl nichts als ein Dorf ist, und seinem Handel nach sogar nur ein bescheidenes. Zwei starke Türme ragen aus den verlassenen Trümmern auf, der eine augenscheinlich das Minarett einer verschwundenen großen Moschee, der andere der Glockenturm einer ebenso spurlos verschwundenen christlichen Kirche. Heute nisten die Störche auf ihren Zinnen, und in den Spalten und Löchern ihres überwachsenen Gemäuers hausen Eidechsen, Fledermäuse, Schwalben und Turmfalken in friedlichem Verein. Von den früheren Hafenanlagen ist nichts mehr zu sehen, die Mündung des kleinen Flüßchens, das dicht nördlich der Stadt in die See geht, ist hoffnungslos versandet, und die Brandung des Ozeans flutet in langen, öden Wellen gegen ein ausgestorbenes Gestade.

Und innen sieht es nicht lebendiger aus. Ich stieg auf das Dach des höchsten Hauses, dessen Eigentümer, Amram Roif, für den wohlhabendsten Juden der Stadt galt. Von der geräumigen Terrasse seines Daches sah man hinab in die enge schmutzige Hauptstraße, die zu beiden Seiten mit jenen kleinen kastenähnlichen Behältern besetzt war, worin der morgenländische Händler seinen ganzen Tag zubringt. Vor jeder Ladenauslage war eine Art Sonnensegel herabgelassen zum Schutz für Händler und Waren gegen die glühende Hitze. Im schmalen Mittagsschatten krochen einige wenige Juden entlang. Die Hunde lagen auf den Kehrichthaufen und ließen die lechzende Zunge heraushängen; dichte Schwärme von Fliegen und Ungeziefer woben um sie herum, fast das einzige Zeichen von Leben und Tätigkeit in diesem Bilde trostloser Öde und verschlafener Trägheit.

Ich fragte meinen Juden, der das andalusische Spanisch als Muttersprache redete, ob unter seinen Glaubensgenossen noch irgendwelche Erinnerungen lebendig seien an die Zeiten der Väter in Portugal und Spanien. Aber obwohl er in Südamerika gewesen, wo er ein kleines Vermögen erworben hatte, und wohl mehr von der Welt wußte als sonst jemand am Ort,

hatte er keine Ahnung von der wechselreichen Geschichte
seiner Gemeinde, und er meinte, nicht einmal der
Rabbiner wisse noch etwas von der Vorgeschichte der
Asailaer Juden. Prescott, der Geschichtsschreiber der
spanischen Konquistadoren,*) erzählt in seinem Werk
„Ferdinand und Isabella", wie 1492 die blutige
Judenhetze Tausende von armen, heimatlos gewordenen
Kindern Israels an die marokkanische Küste getrieben
habe, von wo die Flüchtlinge ihre Glaubensgenossen
in Fes zu erreichen hofften. Eine große Karawane
von ihnen, die ungezählte Familien mit ihrem ganzen
Hab und Gut zur Hauptstadt bringen sollte, wurde
unterwegs ausgeplündert und dann, gänzlich nackt und
bloß, zur Rückkehr nach Asaila gezwungen. Die por=
tugiesischen Mönche, die damals hier die Herrschaft
führten, ließen die mittellosen Vertriebenen nicht eher
in die schützende Stadt, als bis sich alle zum Übertritt
bereit erklärt hatten. Und so wurde denn mit Hilfe
ausreichender Mengen Weihwassers gleich an den Toren
der Stadt die Massentaufe vorgenommen. Auch in
Marokko beherrschte die portugiesischen Kolonialunter=
nehmungen derselbe engherzige Geist christlicher Unduld=
samkeit, der trotz so großer Männer wie Vasco de
Gama und Alfonso d'Albuquerque der portugiesischen
Weltherrschaft in Asien und Afrika ein so rasches Ende
bereitete. Und das ist der einzige Trost, der dem Be=
schauer geschwundener Portugiesenherrlichkeit in Asaila

---

*) Eroberer.

wie sonstwo bleibt, wenn er etwa die Fruchtlosigkeit so großer Anstrengungen zugunsten europäischer Ausbreitung beklagen sollte: was hier verloren gegangen und in die Nacht der Vergessenheit hinabgesunken ist, das ist nicht die Bildung unserer indogermanischen Welt, deren sieghafte Ausbreitung den Hauptinhalt unserer Zeit bildet, es ist der finstere, enge Kirchengeist des eifernden Pfaffentums, der zwar in Europa mit seinen starken Resten mittelalterlicher Befangenheit noch herrschsüchtig auftreten darf, im neuen Lande aber seine Unfähigkeit, schöpferisch zu wirken, mit seinem Untergang beweisen muß.

Der nur 40 km lange Weg bis nach El Araisch, der nächsten größern Küstenstadt, die ich besuchen wollte, hatte mir als der leichteste und angenehmste Teil der Reise vorgeschwebt. Die Straße führt unmittelbar am Strande entlang, in fast schnurgerader südsüdwestlicher Richtung, ohne andere Hindernisse als zwei Flußläufe, die unmittelbar an ihrer Mündung überschritten werden müssen. Da aber heuer die Frühjahrsregen in diesem nordwestlichen Teile des Landes, der klimatisch zugleich vom Atlantischen Ozean wie vom Mittelmeer beeinflußt wird, gänzlich ausgeblieben waren, konnte man hoffen, ohne die sonst üblichen Schwierigkeiten die brückenlosen Flüsse zu überschreiten. Nach dem gewöhnlichen Verlauf der Dinge sollen diese Frühjahrsregen das Hauptereignis des Wetterjahres und die wichtigste

Vorbedingung für eine gute Ernte sein. Sie setzen meist Ende Dezember ein und dauern dann, mit einer sehr merklichen Unterbrechung im Januar, bis in den Mai hinein. Bis jetzt aber war noch kein Tropfen Regen gefallen, die landwirtschaftlichen Aussichten waren trübe, infolgedessen auch die politischen nicht minder; denn Mißwachs und Teurung würden die besten Helfershelfer der Aufständischen werden und ihnen die verarmten und unzufriedenen Bauern in Massen zuführen. Für den Reisenden aber würde die Dürre den im Frühjahr außergewöhnlichen Vorzug bringen, die Überwindung der Hauptschwierigkeit aller Reisen im Innern Marokkos, die zeitraubenden und gefährlichen Flußübergänge, sehr zu erleichtern oder sie gar ganz zu beseitigen.

Mit dem gemächlichen Entlangziehen auf dem weichen Ebbestrand längs des Meeres wurde es allerdings nichts. Der Schutzsoldat erklärte, um den verabredeten Ort fürs Nachtlager zu erreichen, müßten wir wieder landeinwärts einbiegen. So ging's denn wieder in die Hügel hinein, die für ihre größere Unwegsamkeit durch die hübschen Ausblicke auf die See und die im Osten sich entlang ziehenden Berge entschädigten, unter denen der Dschebbel Habib sich unmittelbar von der Küste aus bis gegen tausend Meter Höhe erheben mochte. Alles grünte und blühte, in förmlichen Feldern bedeckten Erika, Asphodelus*) und Ginster die dichte

---

*) Pflanzengattung der Liliaceen.

Grasnarbe und schufen mit dem rötlich schimmernden, eisenhaltigen Sandsteinboden die reizvollsten Farbenwirkungen. Ein langer Zug von eingebornen Frauen, in mehrere lose Gruppen aufgelöst, begegnete uns, der schon von weitem durch Gesang und Spiel sein Kommen verkündete. Es waren Berberfrauen, die, wie meine Leute meinten, von einer Hochzeit heimkehrten. Ganze Dorfschaften schienen zu diesem freudigen Ereignis ausgezogen zu sein, denn immer neue Scharen von Frauen und Mädchen kamen und belebten mit ihrer Munterkeit das hübsche friedliche Frühlingsbild der stillen Gebirgslandschaft, in der Dörfer und Zeltlager sehr selten zu sein schienen. Nach alter, auch von den strengen Vorschriften des Islam unberührt gebliebener Berbersitte waren sämtliche Frauen unverschleiert. Stolz aufgerichtet und in ihrer sehr leichten und kurzgeschürzten Kleidung, die auch gar nichts gemein hatte mit der umständlichen Vermummung der den arabischen Frauen unerläßlichen Straßenkleidung, rasch und frei einherschreitend, ließen sich die Berberinnen ruhig von dem „Rumi" betrachten. Sie selbst sahen mich auch ohne Scheu an, ganz offen und freundlich, eher wohlwollend neugierig als verschämt und geziert. Sehr viel junges Blut war nicht darunter, aber alle hatten regelmäßige ansprechende Züge und schöne Augen. Bei den älteren und vertrockneteren Runzelgesichtern fand sich große Ähnlichkeit mit verblühten Zigeunerschönheiten, wie man sie auf unsern Jahrmärkten herumziehend oder im stillen Winkel der Großstadt als Kartenlegerinnen und heilkräftige Zauberinnen findet. Allen gemeinsam war ein einfacher Tätowierschmuck, der am Kinn anfing und in Gestalt einer langen, aus Kreuzen und Strichen gebildeten blauen Linie hinunter in den Busen ging und mit denselben einfachen Formen auf Arm, Fußgelenk und Unterschenkel wiederzukehren schien. Es scheint eine außerordentlich einfache Zeichnung zu sein, die nicht im entferntesten mit den kunstvollen Tätowiermustern der Südseevölker zusammengehalten werden kann. Daß aber ganz harmlose kleine Kreuzchen die schmalen Linien zusammensetzen helfen, hat einfache christliche Gemüter auf den Gedanken gebracht, das Christentum müsse unter den Berbern noch viele heimliche Anhänger zählen.

Man weiß von den religiösen Anschauungen und Gebräuchen der Berber naturgemäß noch recht wenig, da es erst ganz wenigen Europäern gelungen ist, längere Zeit unter ihnen zu leben. Sicher ist jedenfalls, daß sie vom Islam nur das Alleräußerlichste angenommen und auch das wohl nicht einmal verstanden haben. Wahrscheinlich liegt ihrer Heiligenverehrung, ebenso wie der der marokkanischen Mohammedaner, ein gut Stück uralter Vielgötterei zugrunde, wie man ja fast überall, unter Christen und Juden, Buddhisten und Mohammedanern beobachten kann, daß die ältesten Urbegriffe von überirdischen Kräften und Geistern, die sich jedes Volk in seiner Kindheit gemacht hat, mit erstaunlicher Zähigkeit den Wechsel der Zeiten überleben und, überwuchert und verkleidet durch erdrückende Formen der herrschenden Religion, ein stilles, meist nur dem Forscher bekanntes Dasein fristen. Von christlichen Überresten bei den Berbern etwas zu finden, wäre ja an und für sich nicht unmöglich. Denn zur Zeit der Vandalen und Goten, mehr noch später unter Spaniern und Portugiesen hat es gewiß nicht an kräftigen Bekehrungsversuchen gefehlt. Aber wenn selbst eine Religion von so überrumpelnder Bekehrungskraft wie der Islam, der auf halbgebildete Völker nie seine verlockende Wirkung verfehlt, so geringen Eindruck bei den Berbern hervorrufen konnte, so ist es nicht gerade wahrscheinlich, daß christliche Gedanken und Bräuche mehr Lebenskraft unter ihnen entwickelt haben sollten.

Die wenigen Missionare, die heute noch den Mut der Verzweiflung haben, im Innern Marokkos auszuhalten und für ihre Religion zu werben, müssen sich in stiller Ergebung darauf beschränken, Kranken und Krüppeln Hilfe zu bringen und wenigstens so durch ihre selbstlose ärztliche Tätigkeit ein günstiges Vorurteil für sich und den Glauben zu erwecken, in dessen Namen sie ihre Heilversuche machen. Auf eine andere oder gar tiefere geistige Wirkung ihrer stillen Arbeit dürfen sie nicht rechnen. —

Schon längst hatte ich gemerkt, daß mein braver Schutzsoldat seines Weges nicht mehr recht sicher schien. Auf dem üblichen Karawanenwege zwischen Tanger und Fes, den er unzählige Male gemacht haben mußte, mochte er jeden Stock und Stein kennen. Hier fing er an, die vorüberziehenden Wanderer und Eseltreiber zu fragen und sich von Zeit zu Zeit unruhig umzusehen. Schließlich, als die Sonne schon ganz tief stand und die Spuren menschlichen Lebens spärlicher wurden, sagte er, wir müßten versuchen, die Spuren der vorausgeschickten zelttragenden Packtiere im Sande längs des Strandes zu finden. Bei völliger Dunkelheit mußte nun der Abstieg zur Küste wieder bewerkstelligt werden, und wirklich ließ sich trotz der Finsternis noch dicht am Wasser die fast schnurgerade Spur der Maultiere erkennen. Ihr folgten wir, solange es ging. Mit einemmal war sie nicht mehr zu sehen. Ob sie vom Strande abgebogen war oder wir in unserer Schläfrigkeit nicht mehr richtig sehen konnten, weiß ich nicht. Jedenfalls war der Anschluß verloren, und der Soldat weigerte sich, den Weg weiter längs des Meeres fortzusetzen. Wir würden an den Fluß kommen und Gefahr laufen, in den Flugsand zu geraten, wenn wir im Dunkeln weiterritten. Er meinte, nichts anderes bleibe übrig, als den Mondaufgang zu erwarten und dann den Weg fortzusetzen, denn das Dorf, wo die Zelte aufgeschlagen seien, könne gar nicht mehr weit sein.

Es war abnehmender Mond, das letzte Viertel war fällig, und so konnten noch einige Stunden hingehen, bis die schmale Sichel erscheinen und die unbekannte Landschaft notdürftig erhellen würde. Nicht weit vom Strande, aber in Sicherheit vor der Flutwelle, saßen wir ab von unsern Pferden, die auch müde und stumpf geworden waren wie wir selbst. Denn

seit dem Abmarsch von Asaila hatte es keinen Halt
mehr gegeben, keine Rast und keine Mahlzeit. Ich
verspürte nun plötzlich einen riesigen Hunger, als mir
klar wurde, daß ich seit dem Morgen nichts gegessen
hatte außer einigen Apfelsinen in Asaila und nichts
getrunken außer etwas saurer Milch, die mir des
Nachmittags eine brave alte Berberdame unter den
zurückkehrenden Hochzeitsgästen angeboten hatte. So
mußte ich mich denn hungrig und durstig in den Sand
strecken und mir mit dem Dampf einer Zigarette den
knurrenden Magen täuschen. Es dauerte nicht lange,
da begannen sich die blaß am Himmel funkelnden
Sterne hinter einem Dunstschleier zu verkriechen, und
eine undurchdringliche Dunkelheit hüllte Meer und
Himmel, Strand und Düne ein. Bald wurde es so
schwarz, daß ich nicht einmal mehr meinen Schimmel,
den mein Dolmetscher ein paar Schritte neben mir
am Zügel hielt, erkennen konnte. Dann gab es plötzlich
einen Windstoß, ein paar fahle Blitze und fast in dem=
selben Augenblick ein rauschend herunterstürzendes
Unwetter, das uns im Nu gründlichst durchnäßte. Ich
hatte meinen Regenmantel bei den Packtieren gelassen,
da tagsüber weder der Himmel noch das Barometer
Regen verheißen hatten. Und als meine Leute kamen,
um mich in eine Pferdedecke einzuhüllen, die noch warm
vom Rücken des Tieres war, war ich schon gänzlich
durchweicht. Immerhin gelang es mir mit Hilfe dieser
Decke, mich durch die eigene Körperwärme im Laufe
von mehreren Stunden wieder einigermaßen trocken

zu bekommen und die Stelle im Sande, wo ich lag, vor Überschwemmung zu behüten. Der Mond erschien natürlich überhaupt nicht, es mußte also das Tageslicht abgewartet werden, das erst gegen 5 Uhr morgens mit einiger Mühe die dicken schweren Regenwolken durchbrechen konnte. Sofort wurde zum Aufbruch geblasen.

Ein recht kläglicher Aufbruch war es. Mensch und Tier waren durchnäßt, hungrig, durstig, müde, steif und durchfroren. Die Pferde hatten die ganze Nacht stehend im klatschenden Regen zugebracht und standen nun da mit hängendem Kopf und triefendem Haar wie ausgediente Mähren, die der Schindanger erwartet. Auch bei uns Menschen war der Lebensmut nicht viel höher. Aber auch als ich, an allen Gliedern vor Fieber und Kälte schlotternd, in meinen arg aufgeweichten Sattel kletterte, konnte ich eine boshafte Überlegung auf Kosten meiner Selbstachtung und meiner Menschenbewunderung im allgemeinen nicht unterdrücken: was für ein jammervolles Wesen ist der Mensch, daß ihn der Ausfall von zwei oder drei gewohnten Mahlzeiten, ein wenig Nässe und ein wenig Kälte in eine so klägliche Verfassung bringen, daß ihm alles, selbst Leben und ewiges Seelenheil, für den Augenblick wenigstens, gänzlich „wurscht" werden kann.

El Araisch.

Um die Jämmerlichkeit meines verregneten Nachtlagers im Dünensande des Ued el Kûs zu krönen, fehlte auch der Fluch der Lächerlichkeit nicht. Stumpfsinnig und ärgerlich hatten wir uns in unserer durchnäßten, verhungerten Katzenjammerstimmung auf den Weg gemacht und waren dem Schutzsoldaten gefolgt, der mit Hilfe seines Sporns, den er aus lauter Verdruß besonders grausam handhabte, sein wackeres Streitroß wieder in den tänzelnden Zockeltrab gekitzelt hatte, die höchste Kraftleistung des Tieres. Die Spähertugenden eines Cooperschen Pfadpfinders indessen schienen die marokkanischen Feen, die an der Wiege dieses Vaterlandsverteidigers gestanden haben mochten, ihm gänzlich versagt zu haben. Er fand auch jetzt um fünf Uhr beim Morgenlicht seinen Weg nicht und ritt immer weiter ins Land, um wieder in die Nähe menschlicher Behausungen zu kommen. Ich hielt, zog meinen Zeißschen Feldstecher und begann das Gelände abzusuchen nach Spuren meines verschwundenen Zeltlagers

und meiner Packtiere. Kein Dorf, kein Zelt, keine Tiere
zu sehen. Aber da entdecke ich ein paar hundert Schritte
von mir die braune Dschellaba eines Mauren, wie zum
Trocknen auf einen Strauch gehängt. Wo der Rock,
kann auch der Träger nicht fern sein. Ich ritt darauf
zu und war höchst erstaunt, plötzlich in vollem Lauf
einen Mann auf mich zukommen zu sehen, der mich
mit allen Zeichen der Freude begrüßte wie ein Hund
seinen zurückkehrenden Herrn. Es war einer meiner
eigenen Maultiertreiber. Die Leute waren mit den
Zelten und Tieren ganz in der Nähe, und wir hatten
nur ein paar tausend Schritt von ihnen im Freien,
ohne Nahrung und ohne Schutz gegen den Gewitter=
regen, die Nacht verbracht, wie obdachlose Ausgestoßene!
Es war zum Lachen, und wirklich löste sich die ganze
Verstimmung in allgemeine Heiterkeit auf, an der nur
die müden Pferde nicht recht teilnehmen wollten. In
einer tiefgelegenen, von Opuntien und Agaven und
allerhand Dorngebüsch umgebenen Bodensenkung hatten
die Leute einen vortrefflichen Lagerplatz hergerichtet;
aber ich hatte zu große Ungeduld, nach El Araisch, der
nächsten Stadt, zu kommen, als daß ich von Lager
und Zelt erst noch Gebrauch gemacht hätte. Nur einen
reckenhaften Männerschluck gönnte ich mir aus dem
Vorrat richtigen Danziger Kurfürstlichen Magenbitters,
den meine Tangerer Freunde noch beim Abschied
meinem Gepäck einverleibt hatten, und dann ging's
mit neuerwachten Lebensgeistern rasch südwärts dem
Strande entlang, bis die hohen Mauern und Türme

von El Araisch vor uns aufragten, viel stattlicher und malerischer noch, als uns die von Asaila tags zuvor erschienen waren.

El Araisch ist auch einer von den Orten, die das ganze Elend der wechselvollen Schicksale eines marokkanischen Hafens gesehen haben, den einst mächtige fremde Handelsflotten füllten, der aber heute verschlafen und ärmlich da liegt wie Asaila inmitten der malerischen Trümmer vergangener Herrlichkeit. Zunächst ein erläuterndes Wort über seinen Namen. Auf den europäischen Karten erscheint der Ort als Larache (Spanisch), Laraiche (Englisch), Larasch (Deutsch) und danach wechselt die Aussprache von Laratsche zu Larätsch oder Larasch. Der arabische Name, wie er auch richtig auf der Karte im Stielerschen Handatlas eingetragen ist, lautet El Araisch. Über seine Form kann kein Zweifel sein, da das Wort nichts anderes ist als die Mehrheit von arisch; damit bezeichnet man im heutigen Arabisch die wagerechten Holzgitter, an denen man enge Gassen und Plätze mit Weinlaub oder Geißblatt überzieht, so daß sie zu schattigen Sitzplätzen geeignet werden. In der Mehrzahl Araisch wird dann das Wort auch für Fruchtgärten oder eine besonders üppige Gartenlandschaft angewandt. Und diesen Namen hat El Araisch schon seit den ältesten Zeiten getragen. Sein Ruf als ein paradiesischer Garten war schon zur Zeit der Phöniker bis an die Ostküsten des Mittelmeeres gedrungen und dort Anlaß zur Sage von den Hesperidengärten geworden.

Strand=Batterie bei El Araisch.

Was El Araisch aufzuweisen hat aus seinen phönikischen, karthagischen und römischen Tagen, liegt schon so in Schutt und Staub, daß erst genauere Prüfung uns die wahre geschichtliche Bedeutung enthüllt. Augenscheinlich hat der Ort früher auf dem nördlichen Ufer gestanden, weiter landeinwärts, wo sich heute auf niedrigem Hügel die Trümmerstätte Tschemmisch erhebt. Der Fluß, der die Hauptentwässerung des nordwestlichen Rifgebirges in den Atlantischen Ozean besorgt, scheint infolge starker Sinkstofführung seine Mündung immer weiter ins Meer vorgeschoben zu haben, so daß das große Emporium, das die Phöniker hier für ihren Purpurmuschelhandel besaßen, dessen Trümmer schon Plinius der Ältere erwähnt, heute weit landeinwärts gesucht werden muß, wie auch spätere Geschlechter das heutige El Araisch wohl ebenfalls nicht mehr an der Küste finden werden. Die Versandung des Hafens scheint mit Riesenschritten vor sich zu gehen. Noch zur Zeit der französischen Revolution schildern die Reisenden den Ort als den wichtigsten, weil tiefsten und geräumigsten Hafen Marokkos, wo infolgedessen stets der Ankerplatz der gesamten Flotte des Sultans war.

Mit dieser Seemacht Marokkos hat es eine höchst eigentümliche Bewandtnis. Kaum ein Abschnitt der an märchenhaften Begebnissen und noch heute an fast unwirklich anmutenden Zuständen so reichen marokkanischen Geschichte ist so romantisch wie die Sagen und Überlieferungen der maurischen Seeräuberflotte.

Denn etwas anderes als Seeräuber sind die Matrosen, die unter der blutroten Flagge der Scherifs die Meere befahren haben, nie gewesen. Nicht umsonst singt auch noch heute der deutsche Seemann in seinen schönen alten Seeräuberliedern von der „stolzen Flagge blutigrot", die am Maste des „Herrn der Piraterei" weht. Wie mancher wackere Mann von der deutschen Waterkant mag in die Hände dieser maurischen Freibeuter geraten sein und seine Tage im blutigen Dienste der Seeräuber von El Araisch und Ssla beendet haben. In diesen beiden, heute gänzlich vergessenen und friedlichen Häfen sind jahrhundertelang die leichtgebauten Galeassen und Schebecken*) beheimatet gewesen, die der Schrecken aller Mittelmeerfahrer waren. Was uns aber heute ganz unglaublich erscheinen will: bis in die englischen und deutschen Gewässer der Nordsee und Ostsee haben sich diese kleinen, schlecht bewaffneten Boote vorgewagt, deren Hauptangriffskraft in der Frechheit ihrer Führer und der unverständlichen Angst bestand, die man in Europa vor ihnen empfand. In der Straße von Gibraltar, die zu allen Zeiten einen Schiffsverkehr aufgewiesen hat, dessen Lebhaftigkeit vielleicht nur noch mit der des englischen Kanals verglichen werden kann, nahmen sie ohne Zaudern reichbefrachtete Schiffe fort, die ihnen an Segelkraft und Geschützzahl weit überlegen waren. Aber das Wort „wer wagt, gewinnt" scheint sich bei ihnen ebenso be-

---

*) Schmales Kriegsschiff mit drei Masten.

währt zu haben wie noch in unsern Tagen zuweilen bei den chinesischen und malaiischen Seeräubern der hinterindischen Gewässer. Die blasse Furcht, die sich beim Nahen der blutroten Flagge lähmend dem Kaufherrn und seinem Skipper aufs Herz legt, verhilft ihnen zum Siege. Ungezählte Schätze an rotem Golde und wertvollen Waren und Tausende von Seeleuten aller möglichen europäischen Völker sind im Laufe des ausgehenden Mittelalters in die „Barbarei" und in maurische Sklaverei geschleppt worden.

Noch zur Zeit unserer Befreiungskriege hat ein amerikanischer Kapitän sein Schiff „Commerce" an der marokkanischen Küste und zugleich seine Freiheit verloren. Und im Jahre 1829 ereignete sich das Unerhörte, daß ein ganzes österreichisches Geschwader, unterm Befehl des Admirals Bandiera, im Hafen von El Araisch vor den maurischen Seeräubern, die es für die Fortnahme österreichischer Handelsschiffe strafen wollte, die Flucht ergreifen mußte, nachdem es ein Geschütz und massenhaften Schießvorrat eingebüßt und 43 Tote und zahlreiche Gefangene verloren hatte, denen wohl wie so vielen unglückseligen Vorgängern lebenslängliche Sklavenschaft in Marrakesch oder Fes zuteil ward. Und noch bis zum Jahre 1857 hat in Lübeck eine Kasse bestanden, in die alle hansischen Schiffe, selbst die der Ostsee, Einzahlungen machen mußten zum Loskauf hansischer Seeleute, die in maurische Sklaverei geraten waren! —

Schon in Asaila hatten mir die Juden geklagt,

wie unsicher Stadt und Land jetzt seien; sie könnten sich gar nicht mehr hinauswagen aus Furcht vor Überfällen und Ausplünderungen. In der Tat ist dann ihre Stadt wenige Tage nach meiner Durchreise von den Banden des gefürchteten Räuberhauptmanns Raissuli belagert worden, und natürlich waren es dann die armen Juden, die gezwungen wurden, das Lösegeld aufzubringen, das die Mordgesellen für ihren friedlichen Abzug forderten. Und hier in El Araisch hatte die Beklemmung nicht nur die Juden überfallen. Man war allgemein der Ansicht, es sei jetzt für einen Fremden unmöglich, ins Innere zu gehen. Noch vor wenigen Tagen sei das einem wagehalsigen Jüngling übel genug bekommen. Sei da eines schönen Tags ein junger Deutscher geradeswegs mit dem Dampfer von Hamburg gekommen, der erklärt habe, er müsse zum Sultan nach Fes. Hagenbeck, der große Tierhändler in Hamburg, habe für den Sultan den Auftrag übernommen, ihm ein paar schöne Löwen zu liefern — wirklich der höhere Hohn: ein afrikanischer Fürst muß sich seine Löwen von einem deutschen Händler schicken lassen! — und da sich niemand anders habe finden lassen, die Tiere an den Hof des Sultans zu bringen, so habe er sich erboten, den schwierigen Auftrag auszuführen. So war denn der wackere Mann, seines Zeichens Seemann, der eben seine Dienstzeit bei der kaiserlichen Marine erledigt hatte, dreist mit seinen Hagenbecker Bestien schnurstracks von der Elbe in die Mündung des Ued el Kûs eingelaufen, um von diesem der Hauptstadt nächsten Küstenplatz sofort die Landreise anzutreten. Er hatte seine Käfige auf Räder gesetzt und sich dann wohlgemut nach Fes aufgemacht, ausgerüstet mit nichts außer einer völligen Beherrschung des Plattdeutschen und ein paar Brocken Englisch, wie sie ein deutscher Matrose wohl während langer Seefahrzeit in fremden Häfen aufschnappen mag; das heißt Englisch von jener Art, wie es der Hamburger Schiffer spricht, der in Liverpool ankommt und beim Festmachen des Schiffes ans Ufer ruft: „Do you speak English?" und dann auf die bejahende Antwort fortfährt: „Na denn smiet mi mol ne Plank röwer!" Aber selbst mit größerer Sprachkenntnis wäre der kühne Jüngling wohl nicht sehr viel weiter gekommen. Wie mir in El Araisch erzählt wurde, machten die Berber sehr bald seiner Reise ein Ende, indem sie die Tiere in den Käfigen erschossen und ihn selbst zur Umkehr zwangen.*) Ebenso war am Abend vorher ein spanischer Händler zur Stadt zurückgekehrt, den man schon eine Meile außerhalb der Tore durch Drohungen gezwungen hatte, von seiner Reise nach Ksar abzustehen.

So blieb denn auch mir nichts anderes übrig, als einstweilen meine Zelte in El Araisch aufzuschlagen und abzuwarten, ob die umherschwirrenden Nachrichten von

---

*) Später erfuhr ich, daß auch dieses blutige Abenteuer nur in dem geängsteten Hirn der Gerüchtemacher von El Araisch stattgefunden, daß in Wirklichkeit der Seemann von der Waterkant mit seinen Pflegebefohlenen sein Ziel erreicht hatte.

überfällen und Wegelagereien sich als Wirklichkeit und nicht etwa, was mir noch immer wahrscheinlicher schien, als Hirngespinste der eingeschüchterten Spießbürger entpuppen würden. —

Wie die Portugiesen in Asaila, haben die Spanier in El Araisch gewaltige Anstrengungen gemacht, mit dem Besitz des Hafens ihre Herrschaft über das ganze Land anzubahnen. Aber die schwächlichen Sprößlinge der entarteten Habsburger, die nach der großen Blüte des Entdeckungszeitalters Spaniens Geschicke in Händen hielten, waren nicht die Männer dazu, die großen Gedanken überseeischer Machtentfaltung, wie sie Spanien und Portugal am Ausgang des Mittelalters beherrscht hatten, mit Zähigkeit und Kraft durchzuführen. Schon 1691 machte Sultan Mulei Ismail mit Hilfe französischer Fregatten der spanischen Herrschaft endgültig ein Ende.

Für die kleine spanische Gemeinde, die noch heute in El Araisch lebt, muß es recht schmerzlich sein, die stummen Zeugen vergangener spanischer Größe Tag für Tag vor Augen zu haben: die gewaltige Festung, die mit ihren acht weithin leuchtenden Türmen wie ein Märchenschloß aus dem Meere aufsteigt, gekrönt von glitzernden grünen Kacheldächern; die Hauptmoschee, deren Kern als Kathedrale des hl. Antonius von den Spaniern erbaut wurde; die zehn kleinen, mit großem Verständnis angelegten Seefesten, die in weitem, flachem Bogen die Südseite der Flußmündung schützen; den großen verfallenen Fondak el Essbenjoli, das spanische Kaufhaus, das noch heute das größte Gebäude am Markt ist. Das alles gibt den stolzen Hidalgos*) täglich einen Stich ins Herz, wie den Mauren die Erinnerung an Granada und die Alhambra, wie der Gedanke, daß ihre schönste Moschee, die tausendjährige, tausendsäulige Dschamia**) in Cordoba, heute von den Christenhunden entweiht wird. Und wie es heißt, daß noch heute in vielen maurischen Familien als Allerheiligstes der Schlüssel ihres einstigen Hauses in Andalusien von Geschlecht zu Geschlecht vererbt wird, bis zum Tage der großen Wiedervergeltung, so träumen auch die Spanier ihren Traum von der Wiedereroberung Marokkos, und vielleicht nur um so lebhafter, seit die amerikanischen Geschütze ihnen Westindien und die Philippinen genommen haben. In und außerhalb der Stadt bin ich noch manchen kleinern Spuren der Spanier begegnet: Wappen an Häusern, Inschriften auf den alten Bronzerohren der träge und unbrauchbar auf plumpen hölzernen Lafetten träumen den Küstengeschütze und auf Häusern, deren hohe Stockwerke und breite, lustige Fenster schon von außen verraten, daß sie von keinem maurischen Baumeister entworfen wurden.

---

*) Edelleuten.
*) Hauptmoschee.

El Ksar.

Vergeblich hatte ich von Tag zu Tag auf bessere oder wenigstens bestimmtere Nachrichten über die Sicherheit oder Gefährlichkeit der Wege gewartet; aber nichts kam als verworrene Berichte über ausgeplünderte Juden oder umkehrende Karawanen, ohne daß indessen etwas wirklich Unzweifelhaftes, Greifbares über die Täter zutage gefördert wurde. Als nun gar das Wetter in El Araisch, das seit meiner Abreise von Tanger sonnig und frühlingsmäßig milde gewesen war, anfing, sich in scharfe Gegensätze von kalten, trüben Regentagen und drückend heißer Sommerhitze zu verwandeln, beschloß ich aufzubrechen, dem schließlich albern werdenden Gezeter der paar Europäer über die Gefahren des Weges zum Trotz.

Von El Araisch nach El Ksar el Kbir, der nächsten größeren Stadt, die ich besuchen wollte, war nur ein Weg von 33 km und noch dazu, bis auf einen schwierigen Flußübergang, ein ganz leichter, glatter Weg, über den es lächerlich gewesen wäre, ein Wort zu verlieren. Eine blühende Landschaft, hügeliges Wiesenland über und über mit tausenderlei Blumen bestanden, friedlich dahinziehende Karawanen mit stolz einhersegelnden Kamelen, eifrig ausschreitenden Maultieren und scherzenden und singenden Treibern, üppige Weiden zu beiden Seiten des Weges, belebt von stattlichen Herden glatten Rindviehs, zottiger Schafe und langhaariger Ziegen, von niemand anders bewacht als von einem alten wehrlosen Mummelgreis oder ein paar halbnackten braunen Kindern — war das ein Land, bedroht von Bürgerkrieg und Herrscherwechsel, ausgeraubt von sengenden und brennenden Mordbrüdern!?

Und doch wäre ein bißchen Zank und ein wenig Blutvergießen nirgends angebrachter gewesen als auf diesem Flecken marokkanischer Erde. Befanden wir uns doch auf dem blutgetränkten Boden, wo vor 325 Jahren eine der bedeutendsten Entscheidungsschlachten geschlagen worden, wo wie auf andern weniger unbekannt gebliebenen Schlachtfeldern das Geschick ganzer Völker, ja vielleicht ganzer Erdteile entschieden worden ist. In unsern Geschichtsbüchern ist dieser große Kampf bekannt unter dem Namen der Dreikönigsschlacht von Alcazar, benannt nach der nächstgelegenen großen Stadt El Ksar el Kbir, der die Spanier nach ihrer Weise den volltönenden Namen Alcazar gegeben haben.

Auch für Nordafrika war unser Reformationszeitalter eine bewegte Zeit. Zwar ließen sich die mohammedanischen Völker von der geistigen Befreiung, die, von Deutschland ausgehend, ganz Europa erschüttert und in zwei Lager geteilt hatte, damals ebensowenig wie heute etwas träumen. Für sie war das große Ereignis der Zeit, wie ja auch für die christliche Welt, die Türkennot, die Gefahr der unaufhaltsam von Osten anstürmenden Osmanen, die mit unverbrauchten Kräften aus Asien hervorgebrochen waren und mit den träge dahindämmernden Fürsten und Staaten des östlichen Mittelmeers in einer Weise aufräumten, wie man seit langem nichts gesehen hatte. Ägypten und Syrien waren ihnen bereits zum Opfer gefallen, nachdem schon der verblüffende Anfang mit der Eroberung Konstantinopels und der Bedrohung Wiens die Welt auf Taten nach Art Dschingis Chans oder Tamerlans*) vorbereitet hatte. Wenn auch die Seeschlacht von Lepanto für eine Zeitlang das westliche Mittelmeer vor ihnen zu retten schien, an der afrikanischen Küste fiel Stadt auf Stadt in ihre Hände. In Tunis und Algier wehte schon die Halbmondflagge des neuen Kalifen, und das Königreich Tlemssân, das heutige Grenzland zwischen Algerien und Marokko, sah zitternd seiner Einverleibung entgegen.

Im äußersten Westen der mohammedanischen Welt, in Maghreb el Aksa, war zu dieser Zeit ein neues Herrscherhaus erstanden, das die unter dem Namen der Beni Marin bekannten Berberfürsten vom Throne gejagt und mit seinem Anspruch unmittelbarer Abkunft

---

*) Timur Lenk † 1405.

vom Propheten die Gläubigen in solchen Massen um sich geschart hatte, daß es binnen kurzem die drei alten Hauptstädte des Reiches, Fes, Marrakesch und Mekines nehmen und sogar an die Ausdehnung seiner Herrschaft nach Osten, auf Kosten der „ungläubigen" Türken denken konnte. Wie das aber in morgen= ländischer Geschichte zu geschehen pflegt, wurde das Haupt dieses Hauses am Vorabend der Verwirklichung seiner kühnen Pläne ermordet und mit seinem Tode das Reich in den üblichen Bruderkrieg zwischen den erbgierigen Söhnen gestürzt. Einer dieser Thron= bewerber, Muhammed el Abd, der „Sklave" genannt, flüchtete sich nach Lissabon, um vom portugiesischen König Hilfe gegen seine Verwandten, die ihm die Nach= folge streitig machten, zu erbitten. Portugal war in der ersten Hälfte des sechzehnten Jahrhunderts die größte Weltmacht geworden, dank seiner überseeischen Erwerbungen, und auch in Marokko war es als starke Kolonialmacht aufgetreten, so daß es den Mauren als das Hauptland Europas galt. Zahlreiche Plätze am Atlantischen Ozean, vor allem Tanger, der wichtigste Ausfuhrhafen des Landes, waren in seinem Besitz, so daß man sich nicht wundern kann, wenn ein bedrängter marokkanischer Thronbewerber sich nach Lissabon um Hilfe wandte. Allerdings hielt Mu= hammed el Abd es doch für nötig, sich vor seinen Ulema, den schriftgelehrten Auslegern des Gesetzes, zu entschuldigen wegen seines Vertrauens zu einem ungläubigen Helfer. Damit hatte er zwar bei ihnen keinen Erfolg, um so mehr aber beim König von Portugal.

Dort saß nach dem Tode Johanns III. der schwärmerische Dom Sebastian auf dem Thron, der von einem allerchristlichsten Weltreich seines Hauses träumte und den Besuch des hilfesuchenden Maurenfürsten wie einen Wink des Himmels ansehen mochte, der schon begonnenen Eroberung afrikanischen Bodens die Krone aufzusetzen durch die Begründung eines portugiesischen Reiches in Nordwestafrika. Aber Männer von Eisen, die wie Albuquerque groß genug waren, ein großes Ziel auch mit den rücksichtslosesten Mitteln zu erreichen, waren schon damals in Portugal nicht häufig. Und in dieser großen Stunde der Entschließung stand kein solcher dem jugendlichen, unbedachten Herrscher zur Seite, der als blinder Anhänger Loyolas in einem Feldzuge gegen die Ungläubigen (wenn auch im Bunde mit Ungläubigen) einen Kreuzzug sah, der, was auch immer sein Erfolg sein würde, schon als solcher seinen Schatz guter Werke ins Ungeheure mehren müßte. Rasch und unzureichend wurden die Vorbereitungen getroffen. Portugal selbst konnte nur 12 000 Mann Fußvolk, 1500 Reiter und 12 Geschütze aufbringen. Der spanische Nachbar ging zwar ein Schutz- und Trutzbündnis ein, wollte aber nicht mehr als 1000 Mann daranwagen. Der Papst, der durch seine Kalenderverbesserungen verewigte Gregor XIII., schickte auch ein paar Hundert frommer Katholiken unter englischem Befehl, zu denen noch eine Freischar irischer

Umstürzler kam, die sich unter der Führung eines Abenteurers gesammelt hatten, um im alten Heimatlande gegen das verhaßte protestantische England zu kämpfen, und nun erst noch einen Abstecher nach Afrika zu machen bereit waren. Kriegsgeübte, wirklich brauchbare Truppen aber schickte nur Wilhelmus von Nassowen, der tapfere Freiheitskämpfer der Niederlande, der 3000 seiner deutschen Söldner hergab unterm Befehl eines Grafen Thalberg, wohl eines jener unermüdlichen Haudegen, die es zu allen Zeiten im deutschen Adel gegeben hat, denen Kampf und wildes Leben voller Gefahren und Entbehrungen Selbstzweck ist und die Frage, für wen sie ihr Blut vergießen, ganz nebensächlich. Mit der portugiesischen Königswache und den Spaniern bildeten diese Deutschen unter Thalberg den Kern von Sebastians Heer. Noch im letzten Augenblick versuchte der Statthalter von Cadiz, den König zum Verzicht auf das übereilte Unternehmen zu bewegen. Aber die Truppen waren schon vom höchsten geistlichen Würdenträger des Königreichs eingesegnet worden für den Kreuzzug gegen die Ungläubigen, Umkehr war nicht mehr möglich. Und nun ging das Verhängnis rasch seinen Gang.

Am 7. Juli 1578 landet Dom Sebastian in seiner treuen Stadt Tanger. Hier stößt sein maurischer Schützling Muhammed el Abd zu ihm mit 800 Armbrustschützen und 400 Reitern — das war das ganze Riesenheer, von dem der ruhmredige Marokkaner in Lissabon erzählt hatte. An der Küste entlang ziehend, um sich mit den zu Schiff nach Asaila und El Araisch gesandten Truppen vereinigen zu können, muß sich der abenteuerliche Kreuzfahrer davon überzeugen, daß Kriegführen in einem Lande, wo es keine Brücken und keine Wege gibt, doch etwas anders ist als daheim bei wohlgefüllten Fleischtöpfen. Aber zurück kann er nicht mehr mit seinen eingesegneten Truppen. Im raschen, ungestümen Vorwärtsdrängen liegt jetzt die einzige Rettung. Am 3. August stehen am Zusammenfluß der beiden Flüsse Mchasen und El Küs, wenige Kilometer vor El Ksar el Kbir, die feindlichen Heere einander gegenüber. Der Gegenkönig, ein Oheim des portugiesischen Verbündeten, Ab dul Malik, genannt El Mamluk, der „freigelassene Sklave", hat ein Heer von dreifacher Überlegenheit zusammengebracht; vor allem sichert ihm seine starke Reiterei, die auf 40 000 Mann geschätzt wird, den Erfolg. Ein italienischer Offizier aus Genua befehligt seine Artillerie von 34 Geschützen. Dieser Übermacht gegenüber hat Dom Sebastian mit seinen bunt zusammengewürfelten Mannschaften den Vorzug einer strategisch besseren Stellung. Er kann von einem Hügel aus sein Feuer wirksamer verwenden als der Gegner, der in der flachen Userebene des Wad el Mchasen steht. Aber in seinem ungestümen Drang, an den Feind zu kommen, läßt er sich gar keine Zeit, diesen seinen einzigen Vorteil auszunutzen. Er gibt schon in der Frühe des 4. August den Befehl zum Verlassen der günstigen Schlachtstellung. Seine von ausländischen Söldnern gebildete Vorhut macht unter der Führung der Deutschen auch sofort einen so gewaltigen Vorstoß und dringt über die Brücke — eine von den wenigen, deren steinerne Trümmer noch heute in Marokko zu finden sind — so tief in den Kern der feindlichen Stellung ein, daß fast auf den ersten Schlag der Tag zugunsten der Christen entschieden scheint.

In diesem Augenblick aber erscheint der hart= bedrängte Ab dul Malik, der, sterbenskrank am Fieber daniederliegend, von seiner Sänfte aus das Gefecht verfolgte, inmitten seiner wankenden Truppen zu Pferde. Dieser unerwartete Anblick spornt seine mau= rischen Reiter zum äußersten, sie drängen die Fremden in den Fluß zurück und greifen den linken Flügel auf dem andern Ufer an, wo Sebastian selbst hält. Von seinen besten Truppen getrennt, verzweifelt der junge König ebenso rasch, wie er sich zum tollkühnen Angriff entschloß, an seiner Sache und stürzt sich ins dichteste Getümmel. Dort findet er den Tod, und mit ihm sein Schützling und maurischer Bundesgenosse, Muhammed el Abd, der „Sklave". Aber auch der König der Gegen= seite, Ab dul Malik el Mamluk, der „Freigelassene", büßt sein Leben ein, wenn ihm auch der Sieg bleibt. Er ist tot vom Pferde gesunken; aber sein Oberst= kämmerer, ein übergetretener Christ, weiß geschickt einen einfachen Ohnmachtsanfall daraus zu machen und die Leiche in der Sänfte verborgen zu halten, bis der Sieg vollständig ist.

Wenn man den zeitgenössischen portugiesischen,

spanischen und englischen Berichten trauen darf — man kann ihre Darstellung ganz gut an der des maurischen Geschichtsschreibers Muhammed el Ufrani nachprüfen —, dann war diese Dreikönigsschlacht von Alcazar eine bitterernste, blutige Sache. Von den Deutschen blieb kein Mann übrig, und auch die Italiener und Spanier fielen fast bis auf den letzten Mann. Graf Thalberg und sämtliche fremden Edelleute sowie der Führer der Iren waren tot, die geringen Trümmer ihrer Söldnerscharen in die Gefangenschaft der Mauren geraten. Nur 60 Flüchtlinge sollen sich nach Asaila gerettet haben. Etwa 28 000 Leichen gefallener Christen und Mauren müssen auf dem Winkel am Zusammenfluß von Mchasen und Kûs zurückgelassen worden sein.

Bei den Bergberbern der Maßmuda.

Am Abend des dritten Tages nach meiner Ankunft in El Ksar el Kbir schaute ich aus meinem Zelt hinaus in die unter dichtem Regen wie verschleiert vor mir liegende Berglandschaft. Schwere schwarze Regenwolken verhüllten den größten Teil der Höhenzüge, die sich jenseits des Tales hinzogen, auf dessen Endrücken ich mein Lager aufgeschlagen hatte. Aber was ich in der Nähe zu meiner Rechten und Linken sah, gab den Eindruck eines lieblichen, stillen Bergländchens, grün und fruchtbar, von blumenübersäten Wiesen und lauschigen Olivenhainen bedeckt.

Ich war dem Rat des englischen Konsuls gefolgt, hatte meinen Weg zur Hauptstadt fortgesetzt und als einzige Rücksicht auf die allerorten gemeldete Unsicherheit der Wege eine weiter östliche Richtung eingeschlagen um auf ganz unbetretenen, menschenleeren Pfaden zunächst Wasan, die heilige Stadt der berühmten Scherifs, zu erreichen, dort weitere Nachrichten abzuwarten und dann, je nach Art der Meldungen über die Zustände im Innern, umzukehren oder zur Haupt=

stadt weiterzuziehen. So war ich aus der Tiefebene
des Wad el Kûs emporgestiegen, einen ganzen Tag
lang über die öden, nur mit Schilfgras, Zwergpalmen
und Ginsterbüschen bestandenen Kalksteinhöhen gezogen,
die die westlichen Abhänge des Dschebbel Sjarssar
bilden, und hatte schließlich in einer Höhe von 350 m
diese anmutige grüne Bergoase gefunden, deren unter
Olivenwäldern schmuck und traulich hervorleuchtende
Häuschen mir schon von weitem zum Lagerplatz ge=
winkt hatten. Den ganzen langen Marschtag über
waren wir keinem Reisenden begegnet, an keinen
menschlichen Siedlungen vorbeigekommen und hatten
nichts anderes von Menschen und Menschennähe ge=
sehen, als auf den blumenbedeckten Frühlingswiesen
und grünen Hängen Herden von Schafen und Ziegen,
von den üblichen kleinen Hirtenjungen schweigsam und
geduldig bewacht. Unsere kleine Karawane, mit dem
Soldaten an der Spitze und dem seltsamen Fremdling,
der weder Turban trug noch wallenden Burnus, hatte
die vereinsamten kleinen Kerle jedesmal aus ihrer
verschlafenen Ruhe aufgestört, und lange sahen sie
unserm Zuge mit großen, erstaunten Augen nach. Nun
lockten die weißen Häuser, die aus ihrer grünen Um=
gebung so friedlich hervorlugten, förmlich heran zur
Menschennähe und zu den warmen Herdfeuern, deren
Rauch schwach und kümmerlich in der schweren Regen=
luft über die flachen Dächer emporzusteigen strebte.

Wir waren mitten in dem kleinen Ländchen der
Maßmuda, des letzten Überbleibsels des einst mäch=

tigsten Berberstammes. Noch vor 500 Jahren, als
der große arabische Geschichtsschreiber Ibn Chaldun
sein Riesenwerk schrieb, eine Art Weltgeschichte im
Tone mittelalterlicher Chroniken, konnte er als Stamm=
väter oder engere Stammverwandte fast aller bedeu=
tenden Kabylen die Maßmuda nennen, die echtesten
unter den Berbern, die noch jahrhundertelang der Be=
kehrung durch die mohammedanischen Eroberer trotzten.
Selbst als unter ihren eigenen Stammesangehörigen
ein Prophet aufstand, Muhammed bin Tumart, der
der Begründer des bei uns meist Almohaden ge=
nannten Herrscherhauses der Muwahhadin werden
sollte, machte es ungeheure Schwierigkeiten, die ein=
fachen ungebildeten Naturkinder zu bekehren und ihnen
die nötigsten Heilswahrheiten des Islam beizubringen.
In dem merkwürdigen, aus dem 14. Jahrhundert
stammenden Buche „Garten der Urkunden und Jahr=
bücher der Stadt Fes", das eins der wenigen arabischen
Bücher ist, die noch jetzt im Lande vervielfältigt werden,
wird sehr hübsch erzählt, wie Muhammed bin Tumart
sich abmühen mußte, seinen Landsleuten wenigstens
die unumgänglichsten arabischen Brocken beizubringen.
Damit sie die Fatiha, die erste Sure des Korans, die
von den Moslim bei allen möglichen und unmöglichen
Gelegenheiten hergesagt wird, auswendig lernen
könnten, taufte er 25 unter ihnen mit den 25 arabischen
Wörtern, woraus der kurze Abschnitt besteht, setzte die
wackern Hinterwäldler dann in die entsprechende Reihen=
folge und verhörte sie. „Wie heißt du?" wurde der Erste

gefragt, „el hamdu lillah" mußte er antworten. „Und du?" ging die Frage an den Zweiten, „rabb" kam die Antwort. Der Dritte hieß „el âlamin", der Vierte „er rahman", der Fünfte „er rahim" und so fort, bis jedes Wort der Sure auf einen Mann als Rufname verteilt war. Dann mußten sie hintereinander ihre neuen Namen ausrufen, und auf diese Weise, die ein wenig an den ersten Kasernenunterricht unserer polnischen Rekruten erinnert, lernte ihre geistige Elite mit vieler Mühe die wichtigsten Gebete und Koranabschnitte, die nach altem Aberglauben nur in der Ursprache gesprochen werden dürfen.

Auch heute halten sich die Maßmuda noch fern von den Arabern und den fast zu Arabern gewordenen Mauren, wenn sie jetzt auch deren Sprache angenommen haben wie die meisten Bergberber, die diesen Landesteil, die Dschebala, bewohnen. Vom Sultan und dem ganzen arabisch-mohammedanischen Makhsen wollen sie auch heute noch nichts wissen. Sie erkennen keine fremde andere Oberhoheit an als die altangestammte der von ihnen selbst gewählten Häuptlinge, die Oberhirten, Richter, Befehlshaber im Kriege und diplomatische Unterhändler in einer Person sind. Aber auch in diesem Ländchen war alles so still und friedlich, als ob Bu Hamara nie die Fahne des Aufruhrs entfaltet hätte, als ob gezeigt werden solle, auch ohne einen maurischen Sultan könne man Ruhe halten.

Als es sich gegen Abend nach meiner Ankunft unter den Maßmuda etwas aufgeklärt hatte und der

Regen nicht mehr so eintönig einschläfernd aufs Zelt herniederrauschte, erschien auf meinem Lagerplatz ein Zug Eingeborener, die in ihrer dunkelbraunen, grobwolligen Dschellaba und der über den Kopf gezogenen Kapuze wie Bettelmönche, etwa Kapuziner, aussahen. An ihrer Spitze schritt sehr stolz ein großgewachsener junger Neger, dessen nackte braune Beine in den landesüblichen gelben Lederpantoffeln steckten, der den Oberkörper aber in eine knallrote Tuchuniform mit gelben Aufschlägen gehüllt trug, wie ein höherer Beamter des Negerfreistaates Liberia. Mit großer Würde kam er auf mich zu, machte eine tiefe Verbeugung und sagte: „Sslâma mssâk bel chêr" (Friede! Dein Abend sei glücklich!) Dann winkte er seinen Begleitern, die ein paar Körbe, worin Brote, Apfelsinen und Hühner sichtbar wurden, vor mich hinstellten, und sich dann im Halbkreis vor mein Zelt auf den Boden setzten und mich schweigend anstarrten. Nun war es an mir, zu reden, und in dem bekannten „fließenden" Arabisch, dessen sich ein Reisender, der etwas auf sich hält, rühmen muß, sprach ich die geflügelten Worte: „La bâss alikum?" und dann nach homerischer Art die Ausfragung der Ankömmlinge: Wer seid ihr, wie heißt ihr, von wannen kommt ihr und was bringt ihr mir da? Den Anfang der Antwort „anâ ssâhib el kaïd" konnte ich zwar noch mit eigenen Ohren entziffern und daraus entnehmen, der schöne Negerrotrock sei ein Diener des Stammesoberhauptes der Maßmuda; denn hierzulande ist ein Ssahib nicht wie im Osten der Gebieter, sondern der Diener oder der Genosse. Was aber dann weiter in fließendem Arabisch erzählt wurde, war für mein ungeübtes Ohr nicht mehr verständlich, und ich mußte durch den Dolmetscher weiter verhandeln und die Versicherung überbringen lassen, daß mein bettelhaftes Zelt von strahlender Gnadensonne erleuchtet sein würde, wenn der Kaid, der Häuptling des Stammes, mit seiner Gegenwart den Teppich des Erwartenden beglücken wolle.

Und wirklich erschien ganz kurze Zeit nach dem Aufbruch des stolzen Negersklaven sein Gebieter selbst, der Kaid der Maßmuda. Ich war erstaunt, in ihm einen Mann von sehr verbindlichem Wesen zu sehen, der viel eher den Eindruck eines gebildeten maurischen Städters machte als den eines Häuptlings im unabhängigen Berberlande. Es war ein schöner Mann mit sehr regelmäßigen Gesichtszügen, schmaler, leicht gebogener Nase, ganz kleinem Mund und breiten, aber kleinen und wohlgepflegten Händen. Ich hätte ihn seinem Aussehen nach ohne weiteres für einen Mauren gehalten. Er erzählte aber selbst, er sei ein Berber, und als ich ihn nach seinem Namen fragte und seine Antwort „Ahmed Bu el Malik" mit arabischen Schriftzeichen in mein Taschenbuch eintrug, fügte er selbst noch hinzu „el Massmûdi". Er war also wirklich einer von dem Stamme, den er befehligte, kein von der Regierung gesandter Beamter, wie sie in den unterworfenen Stämmen zwischen Berbern und Sultansherrschaft vermitteln. Beim Schreiben hatte er meinen

Füllfederhalter bemerkt und fing nun an, sich alles zeigen und erklären zu lassen, was ich von europäischen Sehenswürdigkeiten zur Hand hatte. Am meisten weckte seine Bewunderung meine Mauserpistole. Daß man mit dieser kleinen Handwaffe einen Kilometer weit schießen und in der Minute ein paar Dutzend Schüsse abgeben kann, wollte ihm doch nicht recht einleuchten. Er stellte so viele Fragen nach Zusammensetzung, Instandhaltung, Handhabung und Preis, daß ich zu meinem Entsetzen merkte, als höflicher Fremdling müßte ich ihm das Ding eigentlich schenken. Da ich aber keine zweite zur Verfügung hatte, zog ich's vor, lieber unhöflich zu erscheinen, als für meine schöne Mauserpistole schließlich nichts als einige Hammel, Hühner, Eier und ein paar hundert Apfelsinen einzutauschen, worin ohne Zweifel das Gegengeschenk bestanden hätte. Durch diesen Bruch morgenländischer Besuchsgesetze erlitt übrigens der freundschaftliche Ton unserer Unterhaltung durchaus keine Einbuße. Der Kaid mochte sich trösten und sich sagen: „Na ja, was kann man von einem ungebildeten Christenhund auch anderes verlangen? Die einfachsten Gesetze der Höflichkeit kennt er nicht, aber sein Tee und seine Knusperchen sind gut." Wirklich ließ er sich gut schmecken, was ich ihm vorgesetzt hatte, und bei Tee und Tabak wurde er ganz gesprächig. Wir hatten uns in die Öffnung meines geräumigen Zelts gesetzt, die Wände weit zurückgeschlagen, und genossen den schönen Abend, der eine von jenen köst

lichen Erinnerungen wurde, die einem zuweilen als
die Glanzpunkte solcher Reisen im Gedächtnis bleiben,
obwohl keine großen Erlebnisse, keine überwältigenden
landschaftlichen Genüsse sie ausgezeichnet haben, son=
dern nur der stille Reiz vertiefter seelischer Eindrücke,
die wir im bescheidensten heimischen Dorf ebensogut
erleben können wie in fremdartiger, ausländischer Um=
gebung.

Hinter und über uns zogen sich, unter uralten
Ölbäumen versteckt, die wenigen weißen Häuser hin,
die zum Gehöft des Häuptlings gehörten. Es war
ein ganz kleiner Ort nur, wie ein Gutshof in kleinstem
Maßstabe, nur Unterkommen für den Herrn und die
persönliche Dienerschaft bietend. Vor uns reckten sich
mit ihren breiten runden Kronen die mächtigen alten
Ölbäume, auf denen die Störche nisteten wie auf den
Minaretten von El Ksar el Kbir. Die wenigen flachen
Häuser des Häuptlingshofes boten ihnen augenschein=
lich nicht ausreichend Obdach, und so hatten sie sich
in großen Scharen in den dichten Wipfeln des Oliven=
hains häuslich eingerichtet, der noch vielen Vögeln
außer ihnen ein Heim zu sein schien. Denn der melo=
dische Pfiff des Pirols, der weiche, volle Schlag der
Drossel und das unablässige zärtliche Gurren der Wald=
taube ließen sich daraus hören, als ob die Menschen,
die in Hörweite davon ihre Behausungen hatten, ihnen
die besten Freunde wären, vor denen sie ohne Scheu
ihren abendlichen Frühlingsgefühlen freien Lauf lassen
könnten.

Und unter uns senkte sich in stillem Hang der Hügel hinab zur Ebene, die schweigsam, wie ausgestorben dalag, begrenzt von bläulich schimmernden Höhenzügen, deren wellige Linien sich jetzt mit wunderbarer Schärfe gegen den feuchtklaren Abendhimmel zeichneten.

Aber jetzt wurde es unten auch lebendig. Aus allen Richtungen begannen lange, schlingernde Linien sich auf das Dorf zu zu bewegen. Es waren die Herden, die von ihren weit in der dürren Talebene verstreuten Weiden heimgetrieben wurden. Meist konnte man schon lange, ehe sich mit dem Auge einzelne Formen unterscheiden ließen, an der Farbe erkennen, was für Vieh da herangetrieben wurde in diesen sonderbaren, lang ausgezogenen Schwärmen buntfarbiger Pünktchen. Weiß waren die Schafe, überwiegend dunkelbraun oder schwarz die Ziegen, rotbraun das Rindvieh und von allen Farben und Abtönungen die Pferde. Ganz schwach tönten die Zurufe herauf, mit denen die Hirten ihre Tiere zur Eile antrieben. —

Der wackere Berberkaid, der mit mir schweigend das hübsche Bild des zu Ende gehenden Tages genossen hatte, erhob sich jetzt mit einem höflichen „châtirkum, allah imassikum ala chêr!" (Mit Verlaub, ich gehe. Allah beglücke deinen Abend!) zum Abschied.

In der heiligen Stadt Wasan.

Das friedliche Idyll unter den alten Ölbäumen der Maßmuda kam rasch zu seinem Ende. In der Nacht goß wieder unendlicher Regen herab, so daß am nächsten Morgen von dem schönen Landschaftsbild, das mich in seiner grünen Üppigkeit und Fülle tags zuvor so entzückt hatte, nichts mehr zu sehen war. Ich war schon 14 Tage unterwegs und mußte eilen, wenn ich nicht den steigenden Flüssen erlauben wollte, mir ernstliche oder gar unüberwindliche Hindernisse in den Weg zu legen. Ich beschloß daher, den Weg, den ich mir ursprünglich vorgenommen hatte, etwas abzukürzen, auf den Besuch des Serhungebirges und der Residenzstadt Meknaß (Mekines), die sich ohne besondern Umweg hätte erreichen lassen, vorläufig zu verzichten und nur noch eine Unterbrechung des geraden Reisewegs eintreten zu lassen zu einem Aufenthalt in der heiligen Stadt Wasan, dem Sitz des im ganzen Lande abgöttisch verehrten Hauptes der berühmten Scheriffamilie, die auf noch nähere Verwandtschaft mit dem Propheten Anspruch macht als das Haus der herrschenden Sultane.

Wasan.

Schon am Abend, nachdem wir den ganzen Tag durch menschenleere Einöden marschiert waren, wo ganz selten einmal der Kalksteinboden mit seinen steil aufgerichteten Schichten außer seiner dichten Feldblumendecke auch Spuren von Bebauung aufwies und hier und da mal ein Fleckchen spärlicher Gerste zeigte, senkte sich der Weg plötzlich in eine große, fruchtbare, kesselartig eingeschlossene Ebene, die den westlichen Abhängen des Dschebbel Sjarssar vorlagerte, und am Ostrande dieses Talrundes, durch ihre beträchtliche Höhe schon von weitem sichtbar, winkten die ersten Häuser von Wasan. —

Schon bei andern Gelegenheiten ist hier bemerkt worden, daß zur Erklärung der auffälligen Widersprüche, die Marokko als völkerkundliches wie als religionswissenschaftliches Rätsel bietet, die Berber zu Hilfe gerufen werden müssen; so auch wohl für die grenzenlose Heiligenverehrung, den blöden Personenkult, der diesen westlichsten Vorposten der mohammedanischen Welt vor allen andern koranbeherrschten Gebieten auszeichnet. Wirklich scheint hier der Islam mehr als irgend anderswo sich auf das vorgefundene Vorhandene gestützt zu haben, um sich den Weg zum Herzen der neu zu bekehrenden Völker zu bahnen.

Procopius von Cäsarea, der gegen Ende des fünften Jahrhunderts sein Buch De Bello Vandalico auf Grund der Erfahrungen schrieb, die er als Leibchronist Belisars an Ort und Stelle im Felde gesammelt

hatte, berichtet von dem Fetischdienst der Berber und
der Heiligenverehrung, die diese damals noch fast rein
germanischen Völker einzelnen Männern und selbst
Frauen zuteil werden ließen. Und heute wie damals
ist das Berberland übersät mit Heiligtümern, mit
Grabdenkmälern, Schreinen und geweihten Stätten
aller Art, die von prächtigen Kuppelgebäuden bis zum
einfachsten Steinhaufen unter einem alten Ölbaume
die ganze Stufenleiter durchlaufen von den Uranfängen
der Waldgötterverehrung bis zu reich ausgestatteten
Kirchenschulen und Priesterstiften. Jede Landschaft,
jeder Stamm, jedes Dorf, alles hat seinen eigenen
besondern Schutzheiligen, dessen Namen jeder zu jeder
Zeit im Munde führt, dessen Grab das einzige Bau=
werk zu sein pflegt, auf dessen sorgfältige Erhaltung
Wert gelegt und Mittel verwendet werden.

Daß bei einer so ins Unübersehbare gesteigerten
Heiligenwirtschaft auch der wirkliche Herrscher des
Landes ein Heiliger sein muß, versteht sich von selbst.
Und wirklich sind zu allen Zeiten diejenigen mau=
rischen Fürstenhäuser die volkstümlichsten und mäch=
tigsten gewesen, die sich neben der kriegerischen Macht
auch auf kirchliche Weihe stützen konnten, die entweder
enge Beziehungen zu schon vorhandenen Landesheiligen
aufweisen oder ihren eigenen Ruf als Heilige durch
besondere Frömmigkeit und Wundertätigkeit begründen
konnten; so auch das heute herrschende Haus der Filali
(seit 1649), das sich unmittelbarer Verwandtschaft mit
dem Propheten rühmt.

Aber auch an echten Nachkommen Mohammeds ist hier kein Mangel. Bekanntlich ist ja die Begründung Marokkos als eines selbständigen mohammedanischen Reiches das Werk eines wirklichen Prophetensprößlings gewesen. Dieser Mann war Idriß, der zur Zeit Karls des Großen ein mächtiges Reich im äußersten Westen (el Maghreb el Aksa) gründete, der Marokkos größter Herrscher und größter Heiliger wurde, dessen Name noch heute wohl das am häufigsten ausgesprochene Wort im Lande ist. Wir haben in unserer europäischen Geschichte keinen Namen, der den Vergleich aushielte mit der Volkstümlichkeit, deren sich Mulai Idriß seit einem Jahrtausend in Marokko erfreut. Er steht dem Marokkaner und dem Feser höher als alle übrigen seiner Schutzherren, ja höher sogar als Allah und der Prophet. Nichts beweist diese Ungeheuerlichkeit schlagender als die Tatsache, daß nicht die Moscheen, die einfach Gott geweiht, wohl aber die Gräber der beiden Idriß, Vater und Sohn, Zufluchtsstätten geworden sind, die auch den schwersten Verbrecher vor Verfolgung und Bestrafung schützen. Da vermag eben der Name Idriß mehr als Allah selbst und sein Prophet. Er ist das Allerheiligste des Landes, ein Kleinod, das im Volksbewußtsein weit über den ursprünglichen Wert hinaus gewachsen ist.

Jdriß, der Stammvater des maurischen Scherif=
reichs, konnte in Wirklichkeit einen ganz anders be=
gründeten Anspruch auf Prophetenverwandtschaft er=
heben als die heute herrschenden Filali. Sein voller
Name Jdriß bin Abdullah bin El Hussein bin El
Hussein bin Ali bin Abi Taleb läßt erkennen, daß er
der Ururenkel Alis und Fatimas, der Lieblingstochter
Mohammeds, war, in gerader Linie also nur durch
fünf Geschlechter vom Propheten selbst getrennt war.
Selbst als die Nachkommen des Stifters, mit Aus=
nahme Alis selbst, vom Kalifentum ausgeschlossen
wurden, blieb die Familie für die Mohammedaner doch
heilig. Indessen scheinen die Kalifen nicht immer
die vorschriftsmäßige Gesinnung gegenüber diesen
Prophetensprößlingen besessen zu haben, deren Selbst=
überhebung damals schwerlich geringer als heute ge=
wesen sein mag. Wie die alten arabischen Geschichts=
schreiber erzählen, ließ der Kalif Abu Dschaafer el
Manssur eines Tages einige Angehörige der heiligen
Familie, die sich sträflich betrunken hatten, verhaften
und wie ganz gewöhnliche andere Sterbliche, die sich
strafsällig gemacht, gefesselt durch die Straßen Medinas
führen. Das war tödliche Schmach für die Nachkommen
des Abgesandten Allahs. Sie erhoben sich, sammelten
ihren ganzen Anhang im Lande und wollten den
Schimpf rächen durch Vertreibung des gotteslästerlichen
Kalifen. Ihr Führer Mohammed bin Abdullah schickte
seine Brüder aus nach Persien, Syrien, Ägypten,
Tunesien, um überall den Abfall predigen zu lassen

von dem Statthalter in Medina, der es gewagt hatte, Mohammeds eigene Nachkommen wie gewöhnliche Menschen zu behandeln. Der Kalif Abu Dschaafar starb und vererbte seinem Nachfolger El Mehdi den Krieg gegen die empörte heilige Familie. Schließlich aber entschied eine blutige Schlacht endgültig zugunsten der Kalifen; für Arabien und die regelrechte Nachfolge waren damit die Aussichten der Prophetensöhne für immer vernichtet. Die ins Ausland abgesandten Verwandten kamen um, zum Teil unter Mitwirkung des von Medina aus gesandten Giftbechers. Nur der jüngste Bruder des Rädelsführers entkam.

Das war Idriß. Ihm half der Oberpostmeister von Ägypten weiter, indem er ihm Pferdewechsel, Packtiere und sichere Geleitsmänner stellte. Das kostete den Beamten zwar das Leben, Idriß aber gelangte sicher und unerkannt bis an die äußersten Grenzen des Erdteils. Im Jahre 788 kam er in Tanger an, das schon seit achtzig Jahren den Kalifen untertan war. Aber hier, wo die harte, geldgierige Herrschaft der Abassidenstatthalter den arabischen Namen verhaßt gemacht hatte, winkten ihm keine Aussichten. Er zog weiter ins Innere und erwartete, daß die wackern Berber in ihren Bergen einen leibhaftigen Nachkommen des Propheten wie ein Wundertier anstaunen würden. Auf dem Serhun fand er in der Tat solche ehrliche Seelen. Dort in den Tälern dieses merkwürdigen kleinen Gebirges, das von alters her eine Stätte der Verehrung für größere und kleinere Götter und Helden

gewesen zu sein scheint, bildete er sich seine Gemeinde.
Dort ließ er sich von den Berbern zum Stammes=
führer, dann zum Gesamtoberhaupt wählen. Die
Nachbarvölker bekriegte und bezwang er, und nach
und nach dehnte sich seine Herrschaft aus über die
Gebiete, die noch heute das Kernland der Scherifs=
länder bilden.

Das ist der Anfang Marokkos als eigenen mo=
hammedanischen Königreichs, zugleich der Anfang der
Scherifs von Wasan. Schon im vierten Jahre nach
seiner Ankunft unter den Berbern starb Idriß. Be=
unruhigt durch die raschen Erfolge des Flüchtlings, in
dem er einen Nebenbuhler fürchtete, ließ ihn Harun
er Reschid, der märchenberühmte Kalif von Bagdad,
durch einen Abgesandten vergiften, der sich unter der
Maske der Freundschaft am Hofe des neuen Fürsten
einschlich. Ein nachgeborener Sohn, von einer Ber=
berin, wurde Erbe: Idriß II.; als 14jähriger, früh=
reifer Wunderknabe gründete er Fes, in dessen schönster,
wenn auch nicht ältester Moschee er begraben liegt.
Aber schon unter dem dritten Nachfolger ging das
unterdessen gewaltig vermehrte Reich in die Brüche.
Der Enkel des ersten Idriß beging den Fehler, seinen
sieben Söhnen gleiche Erbansprüche zu gewähren. Das
Land wurde aufgeteilt und in diesem Zustande alsbald
eine Beute der stets kampflustigen Berber, die zwar
den Namen Idriß als den ihres größten Heiligen be=
wahrten und weiter verehrten, als politischen Herrn
aber doch einen aus eignem Stamme vorzogen. So

verschwand schon zu Beginn des 9. Jahrhunderts die
Nachkommenschaft des Propheten von der politischen
Schaubühne Marokkos. Kleinere berberische Herrscher=
häuser teilten sich unter fortwährenden Kriegen in
den Besitz des Landes, bis im 11. Jahrhundert mit
den Almorawiden die Reihe der großen Berberkönige
begann, die in Marokko und Spanien die Blütezeit
der maurischen Geschichte heraufführten.

Erst im 17. Jahrhundert machten die seitdem nur
als fromme Kirchenfürsten lebenden Nachkommen von
Idriß wieder von sich reden. Mulai Abdullah, im
Volke als der „Scherif" an sich verehrt, tauchte im
Lande der berberischen Kabylen Beni Messara auf
und gründete dort eine gelehrte Schule, eine hierzu=
lande Sauija genannte Anstalt, die Schule und Priester=
stift, Pilgerrasthaus und Wallfahrtsheiligtum zugleich
ist. Ein Gesandter König Georgs I. von England,
der an den Hof des Sultans Ismail geschickt ward,
um in die berüchtigte maurische Sklavenschaft geratene
englische Seeleute loszukaufen, besuchte diesen ersten
Scherif von Wasan.

Seit jenem ersten fremden Besuch sind nur wenige
Europäer in Wasan gewesen. Uns Deutschen ist die
Stadt und die Bedeutung ihres Kirchenfürsten zuerst
eingehender bekannt geworden durch die merkwürdigen
Erlebnisse unseres Landsmanns Gerhard Rohlfs, der
als mittelloser Abenteurer und Unterhalt suchender an=
gehender Arzt 1861 ins Land kam und ein ganzes Jahr
lang als Leibarzt des Scherifs in Wasan gelebt hat.

Ich hatte von meiner eigenen Absicht, die Stadt zu besuchen und womöglich den Großscherif zu sehen, an der Küste wohlweislich nichts verlauten lassen. Man würde mir doch nur abgeraten haben. Die Bevölkerung, im Schatten der heiligen Sauija großgeworden, gilt für besonders fremdenfeindlich. Christen dürfen nicht mehr in der Stadt wohnen. Überdies ist das ganze Wasaner Land nicht dem Sultan untertan. Aller Grund und Boden befindet sich als Kirchengut im erblichen Besitz der Scherifen, die auch von allen Abgaben an den Staat befreit, infolgedessen ohne Mühe die reichsten Leute Marokkos geworden und wohl auch die einzigen sind, denen noch kein habgieriger Sultan oder Statthalter das wohlgefüllte Schatzhaus erleichtert hat. Unter solchen Umständen ist das Verhältnis zwischen Sultan und Großscherif meist nicht sehr freundschaftlich. Zwar kann der politische Herrscher des Landes, wenn er auch selbst als angeblicher Prophetensprößling zugleich geistiges Oberhaupt ist, nicht der Unterstützung der wirklichen Nachkommen Mohammeds entbehren. Aber der Großscherif von Wasan als heimlicher Papst des Landes und unermeßlich reicher Großgrundbesitzer braucht sich nicht einen Deut um den Sultan zu kümmern. Das erklärt alles. Infolgedessen sind die Mokhasni und die unter ihrem Schutze reisenden Fremdlinge, als zur Sippe des Sultans gehörig, keine besonders willkommenen Gäste in Wasan. Da mir aber der englische Vertreter in El Ksar el Kbir, der seit langem mit der Scheriffamilie

befreundet ist, ein sehr freundschaftlich gehaltenes
Empfehlungsschreiben an das Haupt des Hauses mit=
gegeben hatte, richtete ich von Ksar aus meinen Weg
ohne weiteres nach Wasan, schickte meinen Schutz=
soldaten mit dem Brief an den Großscherif voraus
und kam selbst wenige Stunden nach meinem Ausreiten
von den Maßmuda vor der heiligen Stadt an.

Die erste Enttäuschung, die mir mein Besuch in
Wasan brachte, war die Verweigerung der Erlaubnis,
die Stadt zu betreten. Der Großscherif war gerade nicht
anwesend, mein Brief konnte also seine Wirkung nicht
tun, und so mußte ich mich einstweilen den Weisungen
eines stellvertretenden Beamten fügen und meine Zelte
draußen vor der Stadt aufschlagen. Da es wiederum
sehr heftig regnete, war mir die weitere Mitteilung,
erst in zwei Tagen werde seine Heiligkeit zurück und
für mich zu sprechen sein, nicht weiter unangenehm;
denn das Leben auf der Straße war bei dem herr=
schenden Regenwetter keineswegs ein großer Genuß.
Die Bekanntschaft des Großscherifs aber schien mir
einen weitern Verzug von ein paar Tagen durchaus
zu rechtfertigen. —

Am folgenden Morgen wurde ich von einem Boten
überrascht, der sich mir im Namen des Scherifs als
Führer durch die Stadt zur Verfügung stellte. Das
war schon ein Erfolg, dessen ich mich freuen durfte.

Denn nicht jedem der wenigen Fremden, die Wasan zu besuchen versucht haben, ist eine Besichtigung der Stadt gelungen.

So zog ich denn mit Dolmetscher und Diener hinter dem Boten des Scherifs her, der einen ganz vornehmen Eindruck machte und in seiner dunkelblauen, augenscheinlich ganz neuen Kleidung recht würdig aussah. Mein Dolmetscher war indessen der Ansicht, er würde wie überhaupt alle, die irgendwie zusammenhingen mit den Santos de Uazan, wie er die Scherifs nannte, dem silbernen Händedruck nicht widerstehen und für ein oder zwei Duro sein Herz den Wünschen des Ungläubigen geneigt machen. Ich befolgte diese Andeutung und ließ dem geistlichen Würdenträger zunächst einmal einen spanischen Taler beibringen mit dem Bedeuten, es seien noch mehr von der Sorte vorhanden, wenn ich mit seiner Führung zufrieden sein würde. Der Erfolg zeigte die Richtigkeit der Diagnose meines Dolmetschers. Ich konnte nun ganz frei und ungehindert mich bewegen, und selbst die Moscheen, allerdings nur von außen, besichtigen und sogar photographische Aufnahmen machen.

Was ich unterwegs durch meine Begleiter und den Dolmetscher zu hören bekam über die unsinnige Anbetung, die man dem Scherif zuteil werden läßt, war stark. Nicht nur sichert dem Pilger jede Berührung des Heiligen, ja sogar seiner Kleider oder irgendwelcher von ihm benutzten und berührten Dinge, Freisprechung von allen Sünden: der ganze Mensch selbst ist heilig, sein Körper, sein ganzes Leben. —

Es war Markttag; in den Straßen wogte eine vielköpfige Menge, Araber und Berber der verschiedensten Stämme, stolze Mauren in peinlich sauberer, städtisch vornehmer Kleidung, ärmliche Landbewohner, für die der Marktbesuch in der Großstadt ein Hauptfest zu sein schien, Karawanentreiber, schmutzig und sonnenverbrannt, und dazwischen überall die Soldaten, Wächter und Gefolgsleute der Scherifsamilie, an ihrem selbstbewußten Auftreten leicht zu erkennen. Auf dem Innenmarkt in der Stadt und draußen vor dem Nordtor wimmelte es von weißverhüllten Gestalten, die sich in dichten Schwärmen durch die engen Reihen der am Boden hinter ihren Waren sitzenden Verkäufer schoben. An etwas freieren Stellen hatten sich die Märchenerzähler, die Schlangenbeschwörer, Gaukler und Tänzer aufgestellt, und überall erscholl der dünne klagende Ton der kleinen zweisaitigen Gimbri und zum dumpfen abgebrochenen Schlage der tönernen Handtrommeln das wehklagende Miauen der oboenartigen Ghaita. Die ganze Nacht hindurch hielt dieser vielstimmige Lärm an, kräftig und oft unterbrochen durch Flintenschüsse und Schwärmer, die schließlich doch für den Mauren das höchste der Gefühle darstellen, wenn er so recht von Herzen lustig sein will.

Begegnung mit dem Großscherif.

Von dem Boten des Großscherifs abgeholt und begleitet von meinem Schutzsoldaten und dem Dolmetscher, stieg ich am Nachmittag meines dritten Tages in Wasan durch die engen, menschengefüllten Gassen hinauf zur Sauija, dem Allerheiligsten der heiligen Stadt, wo inmitten von Moscheen und Schreinen, Pilgerunterkunftshallen und den Grabstätten seiner Vorfahren der Nachkomme Mohammeds seinen Sitz hat. Je näher wir dem ausgedehnten Verbande von Andachtsstätten, Wohnhäusern und Stallungen kamen, die im nördlichsten Teile der Stadt ein eigenes, mächtiges ummauertes Viertel von etwa 20 000 qm bilden, desto dichter wurde das Gedränge. An der Eingangspforte staute sich eine buntscheckige Menge von Pilgern, Bettlern und Müßiggängern. Viele schienen eigens gekommen zu sein, um den Nazarener und Römer zu begaffen, der in die heilige Gegenwart des Scherifs zugelassen werden sollte. Für diese Neugier mußten sie indes bitter büßen, denn die Diener des Hauses schlugen mit ihren langen Knüppeln, die das einzige

Abzeichen ihrer Würde waren, erbarmungslos zwischen sie, und inmitten ihres darob plötzlich erhobenen Wehklagens und Fluchens trat ich in den Vorhof der Sauija ein.

Ursprünglich heißt im Arabischen Sauija nichts anders als Winkel. Dann bezeichnete man im besondern damit jene Winkel in den Moscheen, wo sich die lernbegierigen Tolba (die Suchenden), die der Gottesgelahrtheit beflissenen Studenten, um ihre Lehrer zu hocken pflegen, um den Koran und seine Auslegungen, Sjunna und Hadith, die kanonischen Überlieferungen, Satz für Satz, Wort für Wort mit ihnen durchzugehen. So wurde Sauija schließlich zur Bezeichnung für die Schulen, die Schriftgelehrte oder im Geruch der Heiligkeit stehende Männer gründeten.

In die Gruppe von Pilgern und Sklaven, die sich bald um uns gebildet hatte, trat ein würdiger alter, sehr sorgfältig gekleideter Weißbart und winkte mir höflich, ihm zu folgen. An der Moschee, deren Turm ganz mit malerisch verwitterten grünen Kacheln ausgekleidet ist, ging es vorbei durch enge, winklige Gänge, bergauf bergab, über einen freundlichen Hof, mit Wasserbecken, Springbrunnen und Säulenhallen, endlich eine enge, halsbrecherische Treppe hinauf zu dem Empfangssaal, einem säulengetragenen Raum, mit schönen dicken Teppichen belegt. Als ich mich noch mit der Entzifferung einiger geheimnisvoller Inschriften plagte, zupfte mich plötzlich mein Dolmetscher am Rock; als ich mich umsah, erblickte ich zu meinem größten

Erstaunen einen großgewachsenen, schneeweiß gekleideten Mann hinter mir, der mich lächelnd betrachtet und schon längere Zeit heimlich beobachtet haben mußte. Es war der Scherif, der barfuß, und auf den dicken Teppichen unhörbar, das Zimmer betreten hatte.

Für einen gläubigen Muselmann wäre es ja ein großer Augenblick gewesen, zum erstenmal dem Ururenkel des Propheten gegenüberzustehen, dem Manne, zu dem Millionen von Menschen in blinder Ergebenheit und Zuversicht aufblicken wie zu einem Gott. Ich gestehe, daß ich keineswegs von dem Strahlenglanze seines Heiligenscheines geblendet zu Boden sank, als ich diesen Jüngling vor mir sah, der in gerader Linie, im 35. Geschlecht, von Mohammed abstammt. Weniger ruhig blieb schon mein wackrer Dolmetscher, der trotz seiner Eigenschaft als verderbter Küstenstädter, Hanfraucher und durch langjährigen Verkehr mit Christenhunden etwas unsicher gewordener Moslem gänzlich aus dem Häuschen geriet, als mit einemmal der Großscherif, wie aus der Tiefe aufgetaucht, vor uns stand. Wie gelähmt starrte er den Heiligen an, ohne sich zu rühren. Plötzlich aber schien er sich auf die Wirklichkeit zu besinnen, er sank rasch in ein Knie, um Fuß und Hand des Angebeteten zu berühren; seine Lippen spitzten sich schon zum Kuß, aber der Scherif hatte sich schon gewandt, um auf den niedrigen Bodenpolstern Platz zu nehmen. Während der Mann von Tanger noch immer mit vorgestreckten Lippen, traumverloren seinem entgleisten Kusse nachzusehen schien, hatte sich der Scherif bereits auf dem Boden niedergelassen und seine bloßen Füße untergeschlagen, mir selbst einen Sessel angeboten und einigen ehrwürdigen, weißbärtigen Herren, die mit ihm das Zimmer betreten hatten, gewinkt, sich im Halbkreise um ihn herum zu setzen. Noch ehe er das Wort an mich richtete, gab er mit lustiger Krähstimme, wie ein befehlsfroher Fähnrich, den Dienern eine Weisung, und mit Windeseile stoben die kleinen schwarzen Sklavenjungen, die in den Türen und draußen auf dem Gang gestanden hatten, auseinander, um alsbald im Geschwindschritt wieder zur Stelle zu kommen. Die einen brachten mit geschäftigem Eifer eine ganze Zahl schwerer silberner Leuchter, auf denen Riesenkerzen entzündet wurden, die in ihrer gedrehten Form und goldgesprenkelten grünen Farbe von einem christlichen Altar hätten stammen können. Die andern trugen mit vereinten Kräften eine ungeheure Silberplatte herein, die gut ihre 60 cm Durchmesser hatte, und dann folgte noch eine Gruppe im Gänsemarsch, wovon jeder eine einzelne kleine Tasse in der Hand trug. Schließlich erschien ein älterer Diener, der geradeswegs aus der Küche zu kommen schien, und schenkte siedendheißen Kaffee ein, der nach Landessitte dickflüssig und übermäßig gesüßt war.

Während der Vorbereitungen zum Kaffee und der langsam würdevollen Einleitung zum ersten Austausch der nichtssagenden Höflichkeiten hatte ich Zeit genug, mich noch weiter im Zimmer umzusehen. Das Hauptausstattungsstück war ein Klavier, und wohl wirklich mehr ein leeres unbenutztes Prunkstück als ein Marterkasten für die Nerven von Mohammeds Enkeln. Auf dem Klavier standen ein paar Standuhren französischer Herkunft, die sich aber schon soweit in die Landesbräuche eingelebt hatten, daß jede ihre besondere Zeit zeigte. Darunter, wo eigentlich der Drehsessel hätte stehen sollen, war eine Reihe messingner Gefäße aufgestellt, wie sie in andern Ländern ganz nüchtern und ruhmlos zu Spucknäpfen gebraucht werden.

Der Großscherif hatte unterdessen sehr lebhaft auf meinen Dolmetscher eingesprochen und sich wohl rasch bei ihm etwas über mich erkundigt, ehe er selbst die Unterhaltung mit mir beginnen mochte. Die Lebendigkeit, die aus dem lauten Ton seiner Stimme, den raschen Bewegungen seines Kopfes und dem Glanz seiner beweglichen dunkeln Augen sprach, setzte mich immer mehr in Erstaunen. Mulai Ali bin Muhammed bin Abd es Sslam esch Scherif war, wie er da vor mir saß, ein blühender, kräftiger junger Mann, den ich für einen mustergültigen Vertreter des besten Maurentums gehalten hätte. Ich würde ihn auf etwa 25 Jahre geschätzt haben, hörte aber später, daß er in Wirklichkeit erst sechzehn ist, wenn auch schon verheiratet und glücklicher Vater.

Sobald die wie immer sehr ausführliche Begrüßung mit furchtbar gehäuften Höflichkeiten und Schmeicheleien glücklich überwunden war, stürzte sich Mulai Ali gleich

mutig ins Getümmel der Fragen und horchte mich
gründlich aus über meine Erfahrungen in andern
islamischen Ländern. Ich benutzte natürlich die dank=
bare Gelegenheit zu einer von Weisheit triefenden
Moralpredigt, worin ich ihm, immer auf dem lang=
weiligen Umweg über den spanischen Dolmetscher, klar
zu machen suchte, daß heutzutage kein Land der Welt
mehr sich abschließen könne gegen die Außenwelt. Auch
für den Islam gelte das. Mehr und mehr würden
die bisher in trotziger Abgeschlossenheit lebenden Reiche
mohammedanischer Fürsten gezwungen, in Beziehungen
zu den Nachbarländern zu treten, und schon aus Selbst=
erhaltungstrieb müßten sie sich möglichst rasch und
gründlich die technischen und wissenschaftlichen Er=
rungenschaften der herrschenden weißen Rasse aneignen.
Selbst ins heilige Land, in die Hedschas, dringe jetzt
die Eisenbahn vor, und er selbst werde am Ende noch
seine Pilgerfahrt nach Mekka und Medina im be=
quemen Eisenbahnzug machen, wie sein Großvater
schon zum Entsetzen manches Rechtgläubigen auf christ=
lichem Dampfer auf den Hadsch gezogen sei. Besonders
ausführlich erzählte ich ihm dann von Indien, wo
auch anfangs die Mohammedaner in ihrem Stolz als
Nachkommen der letzten Eroberer sich mürrisch ab=
geschlossen hätten gegen alles, was die Engländer ihnen
gebracht hätten, gegen Schulen und Eisenbahnen, Post=
ämter und Krankenhäuser, wie sie jetzt aber doch mit
Eifer sich bemühten, das Versäumte nachzuholen, und
mit den praktischern Hindu um die Wette sich auf

den englischen Schulen das Rüstzeug zum Kampf ums Dasein holten.

Hier mischte sich Mulai Ali wieder ein und fragte ganz begierig nach der Stellung, die in jenen östlichen Ländern des Islam die Scherifs einnähmen. Nun stellte es sich heraus, daß er auf diesem Gebiet der Familiengeschichte recht gut beschlagen war, während sonst seine geschichtlichen Kenntnisse, auch wo sie den Islam angingen, recht unzulänglich, und Begriffe von Erdkunde bei ihm überhaupt nicht vorhanden waren; man merkte, er betrachtete die in fernen Ländern anderer Rasse und anderer Zunge herrschenden Scherifs doch als mehr oder weniger zur Familie gehörig und deshalb seiner Kenntnis würdig. Und ein anderer Gedanke drängte sich auf, von dem innern Zusammenhang, der doch den ganzen Islam durchzieht und ihn verbindet gegen alle fremden Einwirkungen, von dem geheimnisvollen Wirken jener mohammedanischen Sekten und Orden, von denen wir so wenig erfahren und die doch eine große Rolle spielen und vielleicht gerade in solchen Ländern des Übergangs wie Marokko eine ungeahnte Bedeutung haben.

Gern hätte ich den Besuch noch länger ausgedehnt. Aber vom hohen grünen Minarett der nahen Moschee der Sauija klang jetzt in unsere Unterhaltung hinein der langgedehnte Ruf des Mueddhins: „Allahu akbaru, haia ala es ssalâhi!" (Gott ist am größten, kommt zum Gebet). Es war der Ruf zum Moghreb, dem Abendgebet, das kein frommer Moslem versäumen darf. Mulai Ali stand auf und schüttelte mir die Hand wie einem alten Bekannten und verhehlte nicht, daß ihm die Unterhaltung sehr gefallen habe. Mein Dolmetscher holte nun mit Andacht und Gründlichkeit seinen anfangs verunglückten Kuß nach und empfing dafür einen langen Segen, und auch der Mokhasni, der während des gelehrten Gesprächs wie ein treuer Hund vor der Tür Wache gehalten hatte, wurde hereingerufen, um der Baraka*) teilhaftig zu werden. — Die Scherifs von Wasan thronen auf der obersten Stufe des Heiligenhimmels, den sich die maurisch-berberischen Bekenner des Islam bevölkert haben mit zahllosen Gestalten, die ihnen die alte heidnische Vielgötterei und Heldenverehrung lebendig erhalten. Sie leben in einem Dunstkreise von Weihrauch und unbedingter Unterwürfigkeit wie der Dalailama der tibetischen Buddhisten oder der Papst der römischen Christenheit, Halbgötter eher denn Menschen, heilig auch in all ihren irdischen Schwächen und Verirrungen, und selbst dann ein Gegenstand gläubigster Anbetung, wenn vererbtes Siechtum und eignes Lasterleben ihnen das geraubt hat, was allein sie zu Menschen macht, den gesunden Verstand. — Frankreich ist die einzige europäische Macht, die eine zielbewußte Politik in Marokko eingeschlagen hat, und die einzige, die verstanden hat, wie das Land zu gewinnen und sicher zu beherrschen sei. Während die Engländer mit

---

*) des Segens.

menschenfreundlichen Besserungsplänen an den Sultan
herantraten, Steuerreformen und ähnlichen Umwäl=
zungen, die nur ein außergewöhnlich starker Herrscher
hätte durchführen können, während andere den hohen
Herrn durch europäische Spielereien bei Laune zu
halten suchten, haben die Franzosen seit einem halben
Jahrhundert die Freundschaft der hohen Geistlichkeit
gepflegt, sich der unbedingten Ergebenheit der Wasaner
Großscherifs versichert, durch Geld, Orden, Titel,
Schutzverleihung und tausenderlei unablässige Gefällig=
keiten sich diesen maurischen Papst verpflichtet und
damit einen Vorsprung erreicht vor allen andern
Nationen, den weder die diplomatischen Künste des
einen, noch die kaufmännischen Anstrengungen des
andern Nebenbuhlers einholen können. —

Durch das Gewirr von Gängen und Höfen, in
denen überall Sklaven mit Fackeln und Laternen bereit=
standen, ging es wieder hinaus ins Freie. Der Weg
führte an der großen Moschee vorbei. Ich verlang=
samte meinen Schritt, um unauffällig einen langen
Blick hineinzuwerfen. Von den Decken hingen die trübe
brennenden Öllampen in viereckigen Glaskästen und
ließen ihr ungewisses Licht hinhuschen über den großen
Binnenhof und die umschließenden Bogenhallen. In
der Mitte plätscherte ein Springbrunnen. Die Ränder
seines Beckens, wo die Gläubigen vor dem Gebet ihre
Waschungen vollzogen hatten, waren naß gespritzt und
funkelten im Lampenlicht wie Spiegelglas. In den
dämmerigen Hallen aber lagen, auf wunderschön pur=

Wafan.

purroten Gebetteppichen in langen Reihen, ausgerichtet und in gleichem Abstand voneinander wie bei turnerischen Freiübungen, die Andächtigen auf den Knien. Ihre vermummten Gestalten wogten im Gleichmaß hin und her, auf und nieder, wie es die mannigfachen Drehungen und Beugungen erfordern, die das Gebet vorschreibt. Vielstimmiger Gesang, voll und weich aus kräftigen Männerkehlen kommend, füllte den Raum und folgte mir noch lange, als ich längst aus dem Bereich der innern Umfriedigung der Sauija heraus war und über dieses selten dem Christen vergönnte Schauspiel nachsann, das wie der Empfang beim Großscherif in seiner Art auch etwas Großzügiges und Ergreifendes hatte. Überall in der alten Welt, in dem ganzen Riesengürtel der mittlern Zone, wo der Islam herrscht, von den Gestaden des Atlantischen Ozeans bis weit über den Kern Hochasiens hinaus, folgen die Gläubigen, sobald der Sonnenball aus dem Gesichtskreis sinkt, dem Rufe des Mueddhins und vereinigen Gebet und Gesang wie hier in der Moschee der Nachkommen Mohammeds zum Preise ihres Propheten. Sie singen in derselben altertümlichen Sprache dieselben Worte, die vor dreizehnhundert Jahren zuerst in den heiligen Städten Arabiens geformt wurden, die seitdem in langen blutigen Kriegen begeisterter Glaubenseifer in alle Lande trug und dort zu unbeugsam starren Einrichtungen des öffentlichen Lebens machte und die bis jetzt kein Wandel der Zeiten hat erschüttern können.

Das ist eine Zähigkeit der Lebenskraft, die keine andre Glaubenslehre je erreicht hat. Und darin liegt eine Größe, die uns Bewunderung abzwingt, wie wir uns auch sonst zum Islam und seinen Leistungen für die Menschheit stellen mögen.

Auf der Karawanenstraße.

Ein mächtiges Tafelland, zerklüftet von kurzen, selbst jetzt, in den Regentagen kaum Wasser führenden Einschnitten mußte noch überschritten, drei ziemlich bedeutende Flüsse, Wargha, Ssebu und Sgota, durchwatet werden, ehe wir endlich wieder auf die eigentliche Reisestraße, den geraden von Tanger nach Fes führenden Karawanenweg, gelangten. Die Überwindung der Flüsse war natürlich jedesmal mit viel Arbeit und Verdruß verbunden. Das Wasser schoß mit solcher Kraft und Geschwindigkeit durch die von kleinen Inseln, Geröllablagerungen und Uferrutschen eingeengten Betten, daß man ohne Führung den Übergang gar nicht wagen konnte.

Von jetzt ab waren wir kaum mehr allein auf dem Marsch. Kaum eine Stunde wird vergangen sein, wo wir nicht zusammen mit andern Reisenden oder wenigstens in Sicht von ihnen unseres Weges fürbaß gezogen wären. Und auch der Weg selbst ließ merken, daß man sich dem Ziele näherte, der großen Hauptstadt und dem wichtigsten Handelsmittelpunkt des Reichs. Aus den schmalen, kaum erkennbaren Pfaden, denen bisher unsere Reiserichtung gefolgt war, hatte sich wirklich allmählich etwas wie eine breite Straße entwickelt. Nicht als ob wirklich je oder irgendwo der Versuch zu einem vernünftigen Straßenbau zu erkennen gewesen wäre. Aber hier, wo der Verkehr von Tag zu Tag, fast von Stunde zu Stunde dichter zu werden schien, reihten sich die von ungezählten Hufen auf der kurzen Grasnarbe oder im tonigen Lehmboden eingetretenen Spuren so dicht zusammen, daß sich zuweilen dreißig und mehr nebeneinander herlaufende Pfade zählen ließen, die in ihrer stattlichen Gesamtbreite den Eindruck einer künstlich angelegten Straße hervorriefen. Und auf dieser breiten Fläche zog in buntem Wechsel das Leben der großen Heerstraße hin, Karawanen in langen Zügen und Einzelgruppen von Reisenden, die uns überholten oder von uns überholt wurden, neben uns herzogen oder uns umschlossen, sich in friedlicher Unordnung mit unserer Karawane mischten oder mit ihr zusammen in breiter Stirnlinie wie zu gemeinsamem Angriff vorgingen.

Die Umgänglichkeit der reisenden Mauren und Berber setzte mich immer von neuem in Erstaunen. Selbst wenn ich mich einmal von meiner Karawane getrennt hatte und etwa eine Stunde lang vorausgetrabt war oder im Wechsel von Trab und Galopp rasch ein paar Kilometer zwischen mich und meine Leute gelegt hatte, wurde ich zwar immer mit einem ganz gelinden Erstaunen, aber doch stets durchaus freundschaftlich von allen, die mir begegneten oder an denen ich vorüberritt, angesehen und behandelt. Das Erstaunen galt wohl mehr meinem Alleinreiten als meiner Erscheinung als Christ. Denn hier auf der großen Straße sind zwar die Ausländer nicht gerade eine regelmäßige oder gar häufige Zutat des Straßenbildes, aber die berufsmäßigen Karawanenführer wenigstens, die Kamelbesitzer und Maultiertreiber sind doch zu ausreichend an den Anblick von Europäern gewöhnt, als daß sie in Ohnmacht fielen, wenn ihnen mal einer draußen begegnet. Jedesmal mußte ich nach der ersten Begrüßung dasselbe Verhör über mich ergehen lassen: Wohin, woher, aus welchem Lande? Auffällig war, daß ich fast immer Verwunderung erregte mit meiner Antwort: Aleman. Man hatte statt dessen Franssess erwartet, wie mir denn auch unzählige Male von Reisenden ein bon jour! zugerufen wurde, womit allerdings ihr ganzer französischer Sprachschatz erschöpft zu sein pflegte. Aber auch der Aleman schien den Leuten durchaus willkommen. Von Schimpfwörtern, wie sie dem Fremden in China nachgerufen zu werden pflegen, habe ich nichts zu hören bekommen. Immer dieselbe gutmütige Freundlichkeit, dieselbe mit einer gewissen, aber keineswegs übermäßig lästigen Neugier verbundene Teilnahme, die sich zuweilen sogar zu einer Art förmlicher Kameradschaftlichkeit steigerte. So noch am letzten Lagerplatz vor meiner Ankunft in Fes.

Ich war am Nordostabhang des heiligen Berges

Dschebbel Serhun entlanggezogen und hatte am Abend meines vorletzten Reisetages die Stelle erreicht, wo der zum Ssebu strömende Wad Mkeß den steilen Osthang des Gebirgsstocks hinabstürzt. Hier liegt eine jener Haltestellen für Karawanenreisende, die im ganzen Morgenlande Karawan Sserai (Hof für Handelszüge) heißen, in Marokko aber mit der grammatisch fehlerhaften Bezeichnung Nsala (eigentlich Mansil, Mansala, Haltestelle, Absteigeplatz) benannt werden.

Ich fand den großen Innenraum, der einen Durchmesser von reichlich 60 m haben mochte, schon sehr stark besetzt. Kamele, Pferde, Maultiere und Esel standen und lagen angepflöckt umher, während rings in den kleinen umgebenden Zelten und Hütten ein buntes Durcheinander von Menschen und Gepäckstücken den engen Raum füllte. Die meisten Ankömmlinge hatten sich schon zu friedlicher Siesta hingesetzt und hockten um ihren Tee herum, den sie aus winzigen Gläschen tranken. So waren wohl die bestmöglichen Vorbedingungen gegeben für eine friedfertige Laune, in der auch der fremdenhassende Maure sich zu wohlwollender Betrachtung eines in seine Kreise eindringenden Christenhundes aufzuschwingen vermag. Jedenfalls erregte mein Einzug in die Nsala keinerlei Mißfallen. Und obwohl ich mit meinen beiden Zelten und meinen sieben Tieren keinen geringen Platz beanspruchte, zeigte sich jedermann höflich und bereit, Platz zu machen und ein wenig zusammenzurücken. Ja, als meine Leute anfingen, die Zelte an einer noch nicht allzu dick von Kameldung und Maultiermist überlagerten Stelle der inneren Einfriedigung aufzuschlagen, sah ich zu meinem Erstaunen, daß ganz freiwillig sich die Nachbarn rechts und links mit hilfreicher Hand am Einschlagen der Pflöcke und am Festzerren der Zeltleinen beteiligten.

Die Ankunft eines großen Zuges verspäteter Reisender machte der stillen Beschaulichkeit und bequemen Ruhe im Lager plötzlich ein Ende. In die schmale, schon von den für die Nachtwache bereiten Wärtern besetzte Eingangsluke der Einfriedigung drängten sich mit ihrem wiegenden Gang, den langen Schwanenhals gemessen auf- und abbewegend, die Kamele einer großen Karawane. In der Dämmerung, die schon über dem Lande lag, waren Formen und Farben nicht mehr zu erkennen. Wie gespenstische graue Fabelwesen schoben sich die ungeheuren mißgestalteten Körper einer nach dem andern hinein, lautlos die bei jedem Schritt auseinanderquellenden Klumpfüße in den weichen, von Dünger und Abfällen aller Art bedeckten Boden setzend. Nur die Stimmen der zurechtweisenden Treiber waren zu hören, sonst ging alles mit einer merkwürdigen, fast unheimlichen Ruhe vor sich. Ich fing an zu zählen. Zehn, zwanzig, dreißig Kamele, und noch immer nahm es kein Ende. Und dabei war unsere Ksala schon voll gewesen, als ich mit meinen paar Menschen und Tieren noch Platz geheischt hatte. Aber es war wunderbar, wie sich die Kamele ihren Weg durch das Gedränge von Tieren und Menschen,

Gepäckstücken und Lagerfeuern bahnten und sogar noch Raum fanden, sich niederzulegen. Und das ist bei einem beladenen Kamel immerhin eine Sache, die Überlegung, Zeit und Platz erfordert. Ein leiser Ruck am Halfterband, und ganz sacht, als ob es zum erstenmal in seinem Leben die wunderliche Freiübung mache, beginnt das Tier in den Vorderfüßen ein wenig einzusinken. Dann fangen hinten einige Gelenke an einzuknicken, darauf geht's vorn bis in die Knie, dann hinten wieder eine Kleinigkeit, fast gleichzeitig verschwinden die Unterschenkel vorn unterm Leib, während endlich auf Tempo sieben und acht auch die Hinterbeine in ihren sämtlichen Scharnieren gelöst und nach vorn unter den Bauch geschoben werden. Mit einer Art ängstlicher Spannung sieht man dem mühsamen Vorgang zu wie einem besonders knifflichen Kunststück des Turners auf der Schaubühne, wenn die Musik aussetzt und der Backfisch sich bereithält, zu kreischen, wenn's schief gehen sollte.

Ist aber das Tier glücklich am Boden gelandet, dann liegt es auch da mit einem Gesicht, auf dem geschrieben steht: So, fürs erste kriegen mich keine zehn Pferde von der Stelle. Denn auch für diese geplagten Geschöpfe, denen noch kein sozialistisches Leitkamel den Acht=Stunden=Tag erfunden hat, endet schließlich einmal der mühsamste Marsch mit Atzung und Ruhe. Und das wissen selbst die dümmsten unter ihnen und strecken ihre langen Hälse zu ganz unwahrscheinlicher Länge aus, wenn sich der Treiber mit dem Futter naht. Die

klugen und alterfahrenen Tiere aber, deren Fell schon
so abgeschuffelt ist wie ein alter englischer Lederkoffer,
der ein paarmal die Reise um die Welt gemacht hat,
wissen, daß sie desto eher zu fressen bekommen, je
folgsamer sie sich niederlegen und sich entlasten lassen.
Und darum bitten sie geradezu mit ihren eigentlich
recht seelenvollen, langbewimperten Augen, sie halten
so artig still, wenn die beiden Männer kommen und
ihnen die schwere Last vom Packsattel heben und nach
hinten auf den Boden gleiten lassen. Kaum fühlen
sie sich befreit von ihren ungefügen, in dicken Drell
eingenähten Warenballen, da erheben sie sich schon
wieder und reihen sich nun ganz von selbst aneinander,
als ob jemand „In zwei Gliedern angetreten!" kom=
mandiert hätte. Wenn sie nun einander gegenüber=
stehen, nehmen sie wie auf ein unhörbares „Rückwärts
richt euch!" ein paar Schritt voneinander Abstand,
wobei sie so höflich sich gegenseitig mit den langen
Hälsen zunicken, daß ein unhöflicher Spötter leicht an
eine Française denken könnte. Jetzt lassen sie sich
abermals niedersinken, und in den nun zwischen ihnen
geschaffenen Raum schütten ihnen die Treiber das
Futter, das die braven Tiere nach so viel Geduld und
Gelehrigkeit wohl verdient haben zu ihrer Belohnung.

Die Nacht in der Nsala von Mkeß, meine letzte
Reisenacht vor Fes, wurde eine der getösereichsten,
die ich je auf meinen Reisen verflucht und zu Ende
gewünscht habe.

Zunächst wurden beim Schließen und Verrammeln

der Tore des Hofes treue Hüter, die Hunde, ins Freie gelassen. Was man hier von Hunden zu sehen bekommt, gehört durchweg zu den beklagenswerten Geschöpfen, deren bös gemischter Stammbaum sie zum ganz gemeinen Straßenköter ohn' Nam und Art herabwürdigt. Ihre einzige Tugend ist die Wachsamkeit, und damit protzen sie des Nachts in einer so aufdringlichen Weise, daß man immer den Verdacht hat, sie wollten sich für ihre mangelnde Ernährung an ihren Herren rächen und durch heiseres Dauergeblaff ihnen die Nachtruhe gründlich versalzen. Jedenfalls gaben die Hunde hier ununterbrochen den Alarm, als ob in jedem Augenblick schleichende Meuchelmörder sich unserm Lager aus allen Richtungen näherten. Durch das schlafverscheuchende Gebell aus ihrer Verdauungsruhe aufgescheucht, mischten sich alsbald auch die Maultiere in das Konzert, und diese braven Tiere können etwas ganz Erkleckliches leisten an herzerweichenden Tönen. Als ob sie sich ihrer schmachvollen Abstammung bewußt wären, suchen sie bald das Wiehern des mutigen Hengstes, bald das klägliche Schreien ihres braven Eselvaters nachzuahmen. Ihre Stärke aber liegt in einem ganz merkwürdigen Schluchzen, so überwältigend traurig, so aus allertiefster Seele kommend, daß einem ganz angst und bange werden kann, wenn man diese sonderbarsten aller tierischen Laute zum ersten Male hört. Sie schreien, stöhnen, wiehern, schluchzen mit herzbrechender Leidenschaft, die armen Maultiere, die tagsüber auf der Landstraße jedem ein leuchtendes

Beispiel geben könnten von Geduld und Demut und schweigendem Ertragen unverschuldeter Widerwärtigkeiten. Ihnen gab ein Gott nur nachts zu sagen, was sie leiden, und nachts holen sie es mit verdoppeltem Klageeifer nach.

Wallender Nebel hing an den üppig grünen Hängen des heiligen Berges Serhun, als wir am frühen Morgen die Reise fortsetzten. Mit den blumenbedeckten Halden, die unsern Weg durch die Landschaften Gharb und Dschebala wie einen Siegeszug durch das Reich des Frühlings gestaltet hatten, mit den Wäldern von Ölbäumen und Feigen, den Hainen von Orangen und den von rauher Opuntienhecke eingefaßten Weingärten, die den Serhun zu einem so hübschen Eckpfeiler des maurischen Kernlandes gemacht hatten, war es nun vorbei. Kahl, rotbraun und einförmig lag das Land vor uns, in schwachen Wellen und Stufen gemächlich abfallend zu der tiefen, fruchtbaren Ebene, in deren Falten sich die Hauptstadt versteckt hat. Wie zu einer breiten wirklichen Straße haben sich hier die zahlreichen schmalen Saumpfade und Karawanenspuren vereint, und in ununterbrochenem Strom ziehen die nun von allen Seiten zu uns stoßenden Reisenden ihres Weges, auf Pferden, Eseln, Maultieren, begleitet von langen Reihen schwerbeladener Kamele oder bescheiden ihre Habe auf einem einzigen geduldigen Grautierchen mitführend. Es herrscht ein solches Getümmel auf dem Wege, ein so prächtiges Durcheinander von Menschen und Tieren, eine solche Fülle von malerischen Gestalten und Aufzügen, daß man den Eindruck nicht los wird, es müsse etwas Besonderes im Gange sein, ein großes Fest oder sonst ein außergewöhnliches Ereignis; und doch ist diese Völkerwanderung wohl nur das gewöhnliche Bild des Alltags. Die Leichen und Gerippe gefallener Tiere, die in allen Stufen der Auflösung den Weg zu beiden Seiten einsäumen, sprechen deutlich genug für den Umfang des Verkehrs, der hier allerzeiten herrscht. Wie manches armselige Packtier mag hier, kurz vor dem rettenden Port, seiner Bürde erlegen sein, wie mancher dreiste Überfall frecher, wohlberittener und bewaffneter Straßenräuber mag den Hoffnungen des heimkehrenden Händlers noch in letzter Stunde ein jähes Ende bereitet haben. An einer Stelle zählte ich nicht weniger als zehn Kamelgerippe dicht nebeneinander, als ob sie mit einer einzigen Salve niedergestreckt worden wären.

Aber trotz verwesenden Tierleichen und bleichenden Gerippen, die in immer zunehmenden Mengen die Straße bedecken, ist die Stimmung frei und fröhlich. Selbst die Tiere scheinen lebhafter und leichter dem aufmunternden Zuruf zu gehorchen, auch sie wittern das Ende der Reise und auch in ihren dumpfen Hirnen mag die eine und einzige Vorstellung walten, die uns alle beseelt: Fes! Erwartung und Ungeduld wachsen, und die letzten Meilen werden zur Qual. Man galoppiert voraus, um zu sehen, ob noch immer nichts sichtbar wird von der schimmernden Märchenstadt, kehrt wieder

Ansicht von Fes.

zurück zu seinen Packtieren, ihren gleichmäßigen braven Reiseschritt zu beflügeln durch ungeduldigen Befehl, und eilt dann wieder allen andern weit voraus in zappeliger Unrast. Endlich, endlich, in der letzten Vormittagsstunde: dicke, braungraue, niedrige Stadtmauern mit breiten, niedern Toren, weiße Häuserblöcke in langer, einförmiger Ausdehnung, und darüber emporragend einige Minarette und ein paar Pappeln und Dattelpalmen. Aber alles flach und gedrückt, wenig aus der Ebene aufsteigend, nichts Beherrschendes, Königliches, Hauptstädtisches. Der Dolmetscher sucht meine Enttäuschung zu trösten: es ist nur der neue, unbedeutendere Teil von Fes, der uns von Westen Kommenden allein sichtbar wird, die wirkliche Stadt, die Medina, mit dem altberühmten Heiligtum von Mulai Idriß und der mächtigen Kairwin-Moschee, liegt tief dahinter verborgen und ist von hier aus nicht zu sehen. Das trübe, regenschwere Wetter tut mit seiner sonnenlosen Farblosigkeit und seinem nüchternen Grau das übrige, mir das bewegtere, buntere Traumbild zu zerstören, das mir unterwegs in den langen Stunden der Einsamkeit vorschwebte. Und so ist es doch ein recht deutliches Gefühl der Enttäuschung, womit ich am Mittage meines zweiundzwanzigsten Reisetages durch das westliche Stadttor, Bab es Ssegma, in die heilige Hauptstadt des Scherifs von Marokko einreite.

Am Hofe des Sultans.

Die auffällige Tatsache, daß die Vorfahren des heute regierenden Sultans von Marokko sich so rasch von ruhigen gottesfürchtigen Geistlichen zu blutgierigen Wüstlingen entwickelt haben, läßt sich vielleicht am ehesten durch die starke Beimischung von Negerblut erklären, die diese ursprünglich rein semitischen Araber erfahren haben, von eben jenem Negerblut, das überhaupt das meiste zum Niedergange des Landes und seiner Bevölkerung beigetragen hat. Als sich die Bewohner der Oase Tafilelt, südlich vom Atlas, ungefähr auf dem Längengrade von Fes gelegen, vor etwa sechshundert Jahren ihren angeblichen Prophetennachkommen aus Arabien verschrieben, der der Urahn der jetzigen Sultane werden sollte, hatten sie mit dem braven Hassan bin Kassim, der ihrer Einladung gefolgt war, gar keine schlechte Erwerbung gemacht. Er und seine Söhne waren bescheidene Leute, die still und gelassen dahinlebten und sich der einzigen Aufgabe widmeten, die man ihnen stellte: der möglichst ausgedehnten Fortpflanzung ihres geheiligten Blutes. Sie selbst, ihrer wirklichen Abstammung von Abu Talib, des Propheten Schwiegervater, und nicht von Mohammed, sich bewußt, erhoben keinerlei persönlichen Anspruch auf Scheristum und Anbetung, führten vielmehr nach dem übereinstimmenden Bericht der einheimischen Geschichtsschreiber ein beschauliches, zurückgezogenes Leben, ohne an Politik und die Händel dieser Welt zu denken. Es war ein gewisser Ali bin el Hassan, der im Jahre 1591 zuerst den Großmachtskitzel verspürte, seinen Landsleuten das Märchen von der Prophetenabkunft aufband, den Beinamen „Mulai esch Scherif es Ssedschilmassi" annahm und, als er die Leichtgläubigkeit der Menge erkannte, schlankweg mit dem Anspruch hervortrat, nun auch weltlicher Herrscher in dem Oasengürtel von Tafilelt zu werden. Damals hieß der Landstrich noch Ssedschilmassa, erst später kam der berberische Name Tafilalet dafür auf, woraus die heutige Bezeichnung Tafilelt verderbt ist und dessen Eigenschaftswort Filali lautet.

Das ist der Ursprung des Herrscherhauses der Filali, die übrigens im Lande selbst von Schriftstellern und Hofbeamten weit seltener „El Filalijjin" genannt werden als „Daulet esch Scherifijja el Alauwijja", das erlauchte Haus der Nachkommen Alis. Schon der Enkel dieses Ali bin Hassan war mit der Beherrschung des reichen und dichtbevölkerten Oasenlandes nicht zufrieden. Er begab sich auf den Kriegspfad und riß nach und nach eines der Nachbarreiche nach dem andern an sich. Seinen eignen ältern Bruder, dem die Erbfolge zugefallen war, hatte er vom Throne gestoßen und zum Selbstmord gezwungen, einem für Mohammedaner sehr schimpflichen Tode, der nichts von der vornehmen Selbstverständlichkeit an sich hat, womit der in konfuzischen Gedanken lebende Ostasiate ein verfehltes Leben selbst endet. Auf diesen blutigen Anfang seiner Herrschaft folgte eine Bluttat nach der andern. Bei der Eroberung des Küstenlandes Es Ssahil ließ er an einem Tage über viertausend Gefangene hinrichten, bei der Einnahme von Jligh, der Hauptstadt eines im Südwesten gelegenen Reichs, ordnete er die Abschlachtung von mehr als zweitausend Einwohnern an, und die Erstürmung von Fes, die ihm 1665 gelang, bildete auch den Gipfel seiner blutgierigen Gewaltleistungen. Nie wieder haben die engen und steilen Gassen der Hauptstadt so viel Blut hinabgeschwemmt wie an dem Tage, wo der erste aus dem „erlauchten Hause" der Prophetennachkommen seine Herrschaft über die alte heilige Stadt und damit über das ganze Land begründete.

Diese Hyäne in Menschengestalt, dieser erste der Filali-Tyrannen, von dem der heutige Sultan im siebenten Gliede abstammt, scheint zu den Grundeigenschaften seiner semitischen Vorfahren, Sinnlichkeit und Grausamkeit, noch alles hinzuerworben zu haben, was heißes Negerblut darin an Steigerungsfähigkeit beisteuern kann. Seine Mutter war eine Negerin. Er schaffte außer der Folter alle sonstigen Strafen ab und setzte für alle Vergehen und Verbrechen ohne

Ausnahme die Todesstrafe fest. Wirklich erreichte er mit diesem bewundernswert einfachen Mittel, daß niemand mehr im Lande sich zu rühren wagte ohne die Erlaubnis des gnädigen Herrn, daß Straßenraub und Plünderungsstreifzüge, die bis dahin, wie auch heute wieder, eine Lieblingsbeschäftigung streifender Kabylen gewesen waren, ganz in Vergessenheit gerieten, und daß in der Hauptstadt, wo der gefürchtete Despot jeweils Hoflager hielt, sogar der bescheidene Gelegen= heitsdiebstahl ausstarb. Eine sehr bezeichnende Ge= schichte erzählen die arabischen Chroniken. Ein diensteifriger Wesir berichtete, in der Hoffnung, seinem Herrn etwas Schmeichelhaftes sagen zu können, die Ehrlichkeit der Hauptstädter sei jetzt so groß, daß nie= mand wagen würde, etwa verlorene Sachen von der Straße aufzulesen; seit einer Reihe von Tagen schon habe er einen Sack Nüsse auf der Straße liegen sehen, der wohl von einem Lasttier heruntergefallen sei, aber keiner dächte daran, sich das herrenlose Gut anzueignen. „Woher weißt du denn,“ fragte der Sultan, „daß Nüsse darin sind?“ „Ich habe mit dem Fuß daran gestoßen.“ „Mit welchem?“ erkundigte sich der Sultan weiter; „mit dem rechten.“ „Gut! Heda, Henker, schlag ihm den rechten Fuß ab!“ Ein Wink, und der stets gegenwärtige Blutscherge hatte dem unvorsichtigen Wesir den Fuß abgetrennt, der ihm zum Verräter geworden war. Denn wenn anstatt der Nüsse etwa Goldstücke im Sack geklimpert hätten, würde der Wesir diese Gelegenheit, sich so anerkennend über die Ehrlichkeit der Hauptstädter auszusprechen, sich wohl selbst geraubt haben.

Auch heute noch befindet sich in der Umgebung des Sultans von Marokko stets ein Hofbeamter, der die angenehme Pflicht hat, als Todesengel bei Beamten zu erscheinen, die sich die allerhöchste Ungnade zugezogen und ihr Leben verwirkt haben. Nur spielt sich das heute in recht artigen Formen ab; denn selbst in Marokko scheint man heute Blut nicht mehr so gern in der Nähe zu sehen wie früher. Heute wird in solchen Fällen der Hofmarschall, der Kaid el Meschuar, mit dem bekannten vergifteten Kaffee abgesandt; und dieser würdige Beamte pflegt bei solchen Fällen eine passende Ansprache zu halten und etwa zu sagen: „O Bruder, sieh diesen schönen Kaffee; er ist vom allerbesten, du weißt ja von welchem. Nimm und trink. Sidna, unser Herr, schickt ihn dir. Es hilft nichts, er kommt von ihm, dessen Augenwink unser Schicksal ist. Was geschrieben steht, ist geschrieben." Und mit dieser treffenden und kurzen Leichenrede ist dann das Schicksal dessen besiegelt, dem es geschrieben stand, daß er einst den berühmten Kaffee aus des Sultans Giftküche erhalten werde.

Selbstverständlich geht auch in der Zahl seiner Frauen der Landesvater mit unerreichbarem Vorbild voran. Unter allen Sultanen aber scheinen die Filali auch darin sich auszuzeichnen. Der vorige Sultan, Mulai el Hassan, der für einen ernsten, mäßigen

Mann galt, hatte etwa fünfzehnhundert Frauen. Der größte Held in diesem Punkt war Mulai Ismail (1672—1727), der nicht weniger als 528 Söhne und 342 Töchter hinterließ.

Gerade in diesen Tagen war das Straßenbild von Fes besonders bunt und prächtig. Der Monat Rebia el Uwwel, der erste Frühlingsmonat, war ins Land gekommen und damit die Reihe von Festtagen, die der Muselmann zu Ehren seines Propheten begeht; er hat in diesem Monat seinen Geburtstag. Nach altem Herkommen überbringen die unterworfenen Stämme, also die eigentlichen und alleinigen Untertanen des Blad el Makhsen (Regierungslandes), ihre Abgaben und Ehrengeschenke für den Sultan, und ihre Oberhäupter und Abordnungen werden dabei persönlich vom Landesherrn empfangen. Empfang und Entlassung dieser Gesandtschaften ist jedesmal mit großem Aufwand verbunden, die Leibwache des Sultans und sämtliche eben in der Hauptstadt zusammengezogenen Truppen werden in Gala aufgeboten, der ganze Hof ist anwesend, und ein ungeheurer Kreis von Zuschauern in festlicher Kleidung rahmt das bunte Bild ein, das die beste Gelegenheit bietet, den scherifischen Hof in seiner ganzen Prachtentfaltung zu sehen.

Um mir auf alle Fälle den Anblick dieses Prunks zu sichern, hatte ich mich schon am ersten Feiertage unter Begleitung meines Schutzsoldaten im Palast eingefunden und den ganzen Empfang der Kabylenabordnungen mitangesehen. Dabei hatte mich der Sultan bemerkt, obwohl ich abgesessen war und neben meinem Pferde stand. Aber außer den fremden Offizieren war kein Europäer anwesend, und so war ihm die Erscheinung des neuen Eindringlings sofort aufgefallen. Als er beim Schluß des Festes in den innern Palast zurücktritt, kam er ziemlich dicht an meinem Standplatze vorbei, warf mir einen langen, prüfenden Blick zu und nahm mit Mißfallen, wie man mir später erzählte, wahr, daß ich ihn nicht grüßte. Ich wußte in der Tat im Augenblick nicht, wie ich ihn grüßen sollte. Hutabnehmen ist in mohammedanischen Ländern alles andre eher als eine Ehrenbezeugung, und etwa auf zwanzig Schritt Entfernung einige stilgerechte Hofschranzenverbeugungen aufzuführen, wäre mir selbst zu lächerlich vorgekommen. So hatte ich mich damit begnügt, diesen Enkel der Filalischen Wüteriche, den entarteten Nachkommen des Propheten mir recht genau anzusehen und ihm dabei „frei und offen", wie der Soldat seiner Instruktion gemäß dem Vorgesetzten, ins Gesicht zu blicken. Das war wohl die eigentliche Veranlassung zu meiner Audienz bei Mulai Abd ul Asis, zu der ich sehr bald nach meiner Ankunft durch einen Hofbeamten eingeladen wurde.

Am nächsten Tage ritt ich zur angegebenen Stunde wieder in den Palast, wurde auch diesmal ohne weiteres, dank dem Vorantritt meines Schutzsoldaten, des „obersten" Mbarek, einer ehrlichen Negerhaut, die beim

Tode ihres Herrn aus der Sklavenschaft freigelassen und in die Reihen der Mokhasnija eingetreten war, eingelassen und begab mich auf den Meschwar genannten Festplatz, der, wie der Berliner Lustgarten, seit alters der Schauplatz für alle festlichen Veranstaltungen bei Hof ist. Dort saß ich ab und wartete der Dinge, die da kommen sollten, die Kleiderpracht meiner festlichen Gewandung, mit Orden und Ehrenzeichen auf der Heldenbrust, unter einem langen, züchtigen Staubmantel den neugierigen Blicken des Hofgesindes entziehend.

Ich fand den ganzen Platz eingezäunt von einer dichten Menschenmenge, die ihrerseits wieder einen vielreihigen Rahmen bildete zu dem von ihr umgebenen Viereck von Soldaten. In der Mitte des vordersten Gliedes der einen inneren Längsseite sah ich schon von weitem den englischen Chefinstrukteur in überirdischer Pracht erstrahlen. Neugierig ging ich sofort auf ihn zu, um ihn zu begrüßen. Er steckte in feuerrotem Prunkrock, der von der Gurgel bis zum Nabel über und über mit dicken, gewundenen Goldtressen besetzt war. An seinen hohen, gelben Lackreitstiefeln klirrten Sporen von eitel Gold; auf dem Kopfe hatte er die hohe, scharlachrote Schaschia der maurischen Askari, umwickelt von einem stattlichen, blendend weißen Turban, und um die Schultern floß ihm, wie weiland einem Kreuzritter, ein weiter ärmelloser Mantel aus federleichtem weißen Musselingewebe.

Mit dem marokkanischen Heer ist es eine eigene Sache. Wenn man die Truppen des Sultans nach unserer Weise aufgestellt, gekleidet und befehligt sieht, wie ich sie da in ihrer Parade am Geburtstag des Propheten vor mir hatte, machen sie wirklich einen jämmerlichen Eindruck mit ihrem völligen Mangel an Haltung, Ordnung und Gleichmäßigkeit. Sieht man dagegen die Marokkaner auf dem Marsch, bei spärlicher Verpflegung und im denkbar schwierigsten Gelände genügsam, ausdauernd und leistungsfähig, dann wird man zugeben müssen, daß wenigstens der Stoff zu tüchtigen Soldaten in ihnen steckt.

Deutlicher noch als die gelegentlichen und zusammenhanglosen Beobachtungen des Reisenden reden aber die geschichtlichen Erfahrungen, die man doch vor allem zu Rate ziehen soll. Selbst aus neuerer Zeit liegen ja genügende Erfahrungen vor. In offener Feldschlacht war es jedesmal leicht, die Marokkaner zu werfen; aber bei kleinern Scharmützeln und unwegsamem Gelände, bei Angriffen auf den Troß kämpften sie meist mit bestem Erfolg. Daher wurden die Spanier in ihrem letzten marokkanischen Krieg, dem um Melilla 1893, wo es ihnen nicht gelang, den Gegner zur Annahme einer offenen Schlacht zu bringen, stets mit außergewöhnlich großen Verlusten geschlagen. Im leichten Geplänkel, in raschem Vorstoß und eiligem Rückzug, in nächtlichen Überfällen, kurz gesagt in der Guerilla, ist der Marokkaner eben in seinem Element und wird einem europäischen Einfallheer beträcht=

Parade vor dem Sultan in Fes.

lichen Schaden zufügen und ihm unendlich lange zu
schaffen machen können, zumal wenn der gefürchtete
Dschihad, der heilige Krieg, vom Sultan als oberstem
Priester erklärt und die gesamte waffenfähige Bevöl=
kerung des Landes, und in dem Falle wohl nicht bloß
des regelrecht unterworfenen Regierungslandes, zu den
Waffen gerufen wird. Die sogenannte Armee aber
wird trotz ihren gefährlich leuchtenden roten Uniformen,
ihren Hinterladern, französischen Feldgeschützen und
deutschen Maschinengewehren, ja, trotz ihren fremden
Instrukteuren für einen ernsthaften militärischen Gegner
ein wenig gefährliches Ding bleiben.

Was da zu Ehren des Propheten und zur Be=
wunderung der aus allen Landesteilen zusammen=
gekommenen Kabylenabordnungen auf dem Festplatz
des Palastes aufgestellt war, gehörte durchgängig zu
dieser sogenannten scherifischen Armee, deren Kern=
truppen es darstellte, während die große Masse unter
dem Kriegsminister El Menebhi schon im Felde lag.
Wenn man bedenkt, daß schon seit mehr als 30 Jahren
fremde Offiziere an diesen Truppen herumdoktern, dann
kann man beim besten Willen nicht anders als schmerz=
bewegt mit Hamlet ausrufen: O, jammervoll, höchst
jammervoll! Schon vor dem Jahre 1870 hatte der
damalige britische Ministerresident und spätere lang=
jährige Gesandte John Hay den Sultan Si Muhammed
dazu zu bewegen verstanden, alljährlich eine kleine
Zahl seiner ungehobelten Soldaten nach Gibraltar zu
schicken, wo sie mit den englischen Soldaten gemeinsam

ausgebildet wurden. Damals waren die Erfolge vorzüglich. Der britische Oberst Cameron sagte, er könne sich keine bessern, pflichttreuern, genügsamern Soldaten wünschen als diese maurischen Askar (Fußsoldaten); mit 20000 von ihnen würde er ohne Zögern auf Madrid marschieren. Und seit diesem beachtenswerten Urteil eines kriegserfahrenen Mannes sind jahraus jahrein fremde Instrukteure tätig gewesen, den scherifischen Landsknechten europäischen Drill beizubringen. Erst waren es ägyptische Offiziere und Unteroffiziere, dann französisch-algerische, und heute englische und französische. Und was ist das Ergebnis? Ma fisch, wie der Araber sagt, es glänzt durch Abwesenheit. —

Ganz toll war die Mannigfaltigkeit der Uniformen. Da zu Ehren des Tages die Paradesachen ausgegeben waren, so weit sie reichten, hatten viele wenigstens funkelnagelneue Stücke an, die in feurigem Zinnoberrot leuchteten. Nach der Vorstellung werden ihnen diese Glanzstücke der Kleiderkammer sofort wieder abgenommen, da sonst am nächsten Tage sämtliche Kleiderjuden der Hauptstadt die erste Garnitur des Heeres zum Verkauf ausbieten würden. Außer roten Jacken, die allein vorschriftsmäßig sind, waren auch viele grüne zu sehen, manche mit Achselklappen, die wohl schon in irgend einem europäischen Lande die Schultern braver Krieger geziert hatten, und in Farbe und Schnitt der Hosen herrschte die allergrößte Willkür. Vorherrschend war die weite, an den Knien enganschließende Pluderhose aus dünnem, hellem Baumwollstoff, wie sie der

Marokkaner als Unterhose trägt. Manche hatten aber auch wollene Beinkleider, und einige sogar zeichneten sich unter den Tausenden von Nacktwadigen durch schöne schwarze Kniestrümpfe und Strumpfbänder aus.

Trotz „Stillgestanden!" ging der Wasserverkäufer mit seiner struppigen Ziegenhaut einher, klingelte und rief sein Quellwasser aus, als ob er auf dem Markte wäre. In manchen Gliedern klafften die Lücken rottenweise. Da lag dann die ganze Bande am Boden und rekelte sich in der Sonne, andere hatten ihr Hanfpfeifchen hervorgezogen und atmeten mit Wohlbehagen ein paar Züge Haschisch durch die Lunge, und unter den jüngern gab's viel lustiges Knuffen und Katzbalgen. Unter ihnen waren übrigens recht zahlreiche stämmige Burschen, die die Hinfälligkeit der Alten und die Schwäche der ganz Kleinen nur in helleres Licht setzten. Nur in einem Heere, das ein so merkwürdiges Aushebungsverfahren hat wie das marokkanische, können solche Altersunterschiede nebeneinander in Reih und Glied möglich werden. Es sei nur daran erinnert, daß verschiedene Stämme, die zur Zahlung der Naiba (Kopfsteuer) verpflichtet sind, für jedes Haus oder jedes Zelt einen Fußsoldaten liefern müssen. Ist nun gerade kein kriegstüchtiger Angehöriger des Haushalts da, so wird irgend ein Ersatzmann gestellt, und wenn es der alte Großvater oder ein unmündiges Enkelkind ist. Diese unglücklichen Tabor (Zwangsfußsoldaten) müssen lebenslänglich dienen oder geeigneten Ersatz aus ihrem Hause stellen, so daß in jedem Falle dieser Teil des

Heeres, der eigentliche regelrechte Kern, ziemlich gleichmäßig stark bleibt. Was zu dieser Parade an Reiterei aufgestellt war, zeichnete sich vor dem Fußvolk erfreulich aus durch bessere Haltung und äußern Schneid. Zwar war auch hier die Bekleidung und Bewaffnung sehr buntscheckig, aber man sah doch auf den ersten Blick, daß die Leute auf ihrem Pferd zu Hause sind. Auch einige Schwenkungen, die der Reitereiinstrukteur Major Ogilvie schwadronsweise ausführen ließ, gingen gut und rasch vonstatten, wie denn überhaupt bei der Reiterei die Aussichten auf rasche Erfolge der fremden Lehrer viel besser sind als bei Fußvolk und Artillerie.

Mitten in die Idylle der schwatzenden und faulenzenden Truppen, deren erstes Glied allein einigermaßen den Anschein einer Paradeaufstellung aufrechterhielt, ertönten plötzlich vom innern Palast her laute, vielstimmige Rufe. Zwar ließen sich die Worte noch nicht unterscheiden, aber nach dem Tonfall wußte ich: das ist das Siegesgeschrei allah ianssar ssidna! (Allah möge unserm Herrn zum Siege verhelfen), das aus jeder Kehle erschallt, sobald der Sultan sichtbar wird. Nun kam doch zuguterletzt etwas mehr Ordnung in die Mannschaften. Einige hastige Befehle wurden gegeben, an den Flügeln stellten sich mit gezogenem Säbel die einheimischen Offiziere auf, die größten Lücken in den Gliedern wurden ausgefüllt, so daß wenigstens im ersten Gliede überall eine leidliche Ordnung herrschte, wenn auch hinter der Front noch alles sich auf seine Art weiter vergnügte mit Rauchen, Spielen und Schwatzen.

Kaum waren die ersten Klänge des wilden Geheuls aus dem Innern des Palastes hervorgedrungen, als sich auch schon in dem großen Torbau, der an der Südostecke des Meschwarplatzes in das eigentliche Dar el Makhsen führt, die schwere, eisenbeschlagene Flügeltür öffnete und in raschem Lauf zwei nebeneinander trabende Reihen von Meschwari erschienen, Kammerherren, wenn man diese mit der spitzen Schaschia der Lehnsmannen bedeckten niedern Hofbeamten so nennen kann. Dann wurden, ebenfalls trabend, sechs mächtige Hengste sichtbar, die, prächtig mit breitem seidenen Kopfstück und silberbeschlagenem ledernen Brustriemen aufgezäumt, als ledige Handpferde von stämmigen Negern mit Mühe gezügelt wurden. Sie alle trugen den unförmigen maurischen Kastensattel verdeckt unter bunter, seidener Decke, die Kandare hatte man ihnen so fest angezogen, daß sie wohl oder übel ihren schönen Schwanenhals zu einem mächtigen Fragezeichen krümmen mußten und nun, das Gebiß bearbeitend, schäumend und schnaubend einhertänzelten mit zierlichen und doch kraftvollen Seitengängen.

Hinter den Pferden folgte ein ganz merkwürdiger Aufzug. Ein Krönungswagen! Ein leibhaftiger europäischer Hofwagen, mit mächtig ausladenden Federn und reichlicher Vergoldung auf dem hellbraunen Lack seines Anstrichs, der allerdings nicht von gestern zu sein schien. In der Deichsel, die ursprünglich für Bespannung à la Tandem und Spitzenreiter bestimmt gewesen schien, ging ein einziges, unumß... b:des Vierpferd, zu beiden Seiten von Negern gehalten. Die zierlichen Rolläden vor den großen Fenstern der eleganten Kutsche, die in ihren bessern Tagen vielleicht in Versailles zierliche Rokokohofdämchen gefahren hat, waren heruntergelassen, so daß ich nicht wahrnehmen konnte, ob jemand darin saß.

Hinter dem Wagen schritten, in etwas weniger beschleunigter Gangart als die Meschwari und die Pferdeknechte, die obersten Hofchargen. Der mul et tsai (der Truchseß), eigentlich „Herr des Tees", mul et teppa (Siegelbewahrer), mul er rewa (Stallmeister), mul es ssekkin (Säbelträger) und der mul el mukahalla (Büchsenspanner), dem vormals noch der mul ed duchan (Pfeifenträger), „Herr des Tabaks" folgte, als die Filali-Sultane noch dem Laster der blauen Blume frönten. Als letzter endlich, ganz wie bei uns, der Oberhofmarschall mit seinem Stabe, der Kaid Meschwar. Sobald er im Tor sichtbar wurde, gestaltete sich das Schauspiel hochdramatisch. Vom gegenüberliegenden Turm der Palastmauer lösten sich Böllerschüsse, die Musik, die unter der Leitung eines spanischen Überläufers steht, setzte mit der von ihm erfundenen marokkanischen Hymne ein, die starke Anleihen beim türkischen „Padischa Tschok Jascha" gemacht zu haben scheint, und aus Tausenden von Kehlen erscholl das „allah ianssar ssidna" und „allah ibarak fi áomr ssidna" („Allah segne das Leben unsers Herrn!"); die Leibrosse begannen bei diesem plötzlichen Lärm zu bäumen, die hinter der Front der Truppen haltenden

Pferde und Maultiere der Beamten und Zuschauer wieherten und grunzten, mein eigener Schimmel wurde in eine kräftige Keilerei verwickelt, die zwischen den steigenden Pferden der Engländer ausgebrochen war, ein paar Menschen waren zu Boden gestürzt und schimpften auf Mulai Idriß, Kinder heulten, Unteroffiziere schnauzten ihre Leute an, und in diesem unbeschreiblichen Wirrwarr von Bewegung und Getöse erschien der Sultan.

Unbeweglich saß er auf seinem Pferde. Den Blick unverwandt voraus gerichtet, ohne von den kerzengerade mit gesenktem Säbel dastehenden ausländischen Offizieren oder sonst wem die geringste Notiz zu nehmen, ritt er im Schritt schnurstracks auf die Mitte des großen Platzes zu. Dort hielt er. Hier waren im Halbkreis die Kaide und die Scheche der Kabylen aufgestellt, vor ihnen in Kisten und Säcken der Tribut, den sie an barem Gelde und andern Abgaben herkömmlicherweise am Geburtstag des Propheten überreichen. Der Sultan war schneeweiß gekleidet, ohne irgendwelchen Schmuck oder irgendein Abzeichen seiner Würde. Sein Pferd war gelb, das ist nach der Sitte seiner Ahnen die Farbe des Zorns, die schon von weitem, und ohne daß er den Mund aufzutun braucht, die Stimmung seines königlichen Gemüts erkennen lassen soll. Zum Mundauftun schien Mulai Abd ul Asis heute nicht sonderlich aufgelegt. Man sah kaum, daß er die Lippen bewegte, als ihm die Vertreter seiner geschenkebringenden Stämme vorgestellt wurden. Aber mit seiner Löwenstimme brüllte der Kaid Meschwar über den Platz hin: „Gâl ssidna, barak alláhu fikum" („Unser Herr hat gesagt, der Herr segne euch," d. h. ich danke euch), und auf dieses Gnadenwort hin erhoben sich die bärtigen Männer aus dem Staube und schrien ihrerseits unisono: „Allah ibarak fi áomr ssidi" (Gott segne das Leben meines Herrn). Und wieder geruhte der Beherrscher aller Gläubigen etwas zu murmeln, und wieder brüllte der Hofmarschall, und wieder sanken die bärtigen Scheche in den Staub, erhoben sich und schrien: „Allah ibarak fi áomr ssidi!"

Das ging so fort, wohl eine Stunde lang. Wie Don Juans steinerner Gast hielt der Sultan unbeweglich während der ganzen Zeit auf demselben Fleck, während sein gelbbrauner Hengst unter ihm tänzelte. Dicht hinter dem Pferde des Sultans, etwas schräg zur Seite, stand der Mul el Mdalla, der Schirmhalter, der auf langem Rohr den prächtigen, purpurroten, goldgesäumten Schirm über seines Herrn Haupt hielt, dies einzige Abzeichen königlicher Würde, das die Scherifs von Marokko für sich allein beanspruchen. Am Pferdehalse standen zwei Meschwari, die mit langen Musselintüchern dem erlauchten Prophetensprößling die Fliegen verscheuchten, wobei sie höchst geschickt die Enden dieser Wedel aus der Hand schnellten, um sie ein paar Hand breit vor seinem Gesicht blitzschnell zurückzuziehen. Im Halbkreis dahinter, mit dem Gesicht den Kabylenabordnungen zugewandt, harrten die Minister, einer wie der andere in weiße, weite Gewänder gehüllt, die bloßen Füße in den gelben, offnen Pantoffeln.

Erst wenn der Sultan mit Hilfe seiner Geldmänner

im stillen Kämmerlein sich von dem Inhalt der Bargeldkisten überzeugt hat, finden die eigentlichen Verhandlungen mit den Stämmen statt. Dann werden die Ämter neubesetzt und die Vertragsverhältnisse mit den Kabylen erneuert. Wer am meisten schenkt, erhält die fettesten Pfründen, die Gebiete, in denen sich die Aussaugung lohnt. Wer zu wenig gebracht hat, wird tagelang, wochenlang bei Hof festgehalten, und schließlich verschwindet er gar, wenn er erklärt, sein Stamm könne nicht mehr liefern, auf Nimmerwiedersehen in irgend einem ehrwürdigen Verließ der Kasba, wenn nicht seine Angehörigen die weitern Mittel senden, die zu seiner Freilassung oder Wiederbestallung erforderlich sind. So wird in Marokko regiert. Es ist eben noch die allerurwüchsigste Form des Königtums. Der Herrscher sagt zu seinem Volk: Wieviel bezahlst du mir, wenn ich dich vor Feinden schütze und die Übeltäter in deiner Mitte unschädlich mache? Und das Volk antwortet: Sieh, Herr — möge Allah dein Leben segnen und dich siegen lassen über unsere Feinde — wir sind ein armes Volk von Hirten, wir können dir diesmal nur so und so viel tausend Taler geben, dafür aber haben wir dir aus unsern bescheidenen Mitteln so und so viel Pferde mitgebracht, und diese paar Scheffel Gerste und ein paar Krüge Honig, und unsere „Häuser" d. h. unsere Frauen, die in der „erlauchten Gegenwart" nicht geradezu genannt werden dürfen, schickten diese ärmlichen Teppiche, möge dein erlauchter Fuß sie seines Tritts würdigen, und, verzeih das harte Wort, die Juden, die in unserer Mitte die Luft verpesten —

möge Gott sie verdammen! —*) schicken diesmal das Doppelte ihres Vertragsgeldes. Und hat der gnädige Herr gerade einen guten Tag und reitet nicht das gelbe Pferd der Rache oder das schwarze der Bestrafung, so geruht er am Ende zu sagen „Allah ihennikum", ziehet hin in Frieden, für diesmal will ich noch Gnade vor Recht ergehen lassen und eure ärmlichen Gaben mit dem Auge der Nachsicht übersehen.

Und dieses erlösende Wort wurde auch heute gesprochen, trotz Wortkargheit und gelbem Pferde. Ich hatte zuletzt gar nicht mehr hingehört auf das ewige „allah ibarak fi áomr ssidi", sondern meine Gedanken wandern lassen, während das Auge mit Entzücken das ungeheure Bild in sich aufzunehmen und festzuhalten suchte: den Riesenplatz, umrahmt von dräuendem, mittelalterlichem Gemäuer, dahinter aufsteigend auf der einen Seite die schneeglänzenden Kämme des mittlern Atlas, gegenüber, zum Greifen nahe in der klaren Luft, die scharfen Zacken des langhingestreckten Dschebbel Saligh, des Schutzwalls der Stadt gegen Norden, und hier mitten drin in den Mauern den weiten, unabsehbaren, weißen Wall dichtgedrängter Zuschauermassen, dann den festen inneren, viereckigen, feuerroten Rahmen der Truppen und in dessen Mitte das Kleinod: die Größen und Spitzen des ganzen Scherifenreichs, die Wesire und Machthaber, die Araberscheche und Berberkaide, und allein über sie emporragend,

---

*) Niemals vergißt der rechtgläubige Moslem, wenn er von Juden oder Christen spricht, hinzuzufügen „Allah inaalhum" (möge Gott sie verdammen!).

allein zu Roß, die weißverhüllte Gestalt des Sultans — möge Allah ihm zum Siege verhelfen! Da tönte plötzlich wieder die Posaunenstimme des Kaid Meschwar an mein Ohr und riß mich aus meinen Träumen: „Galkum ssidna, Allah ihennikum!" („Unser Herr läßt euch sagen: Allah gebe euch seinen Frieden," d. h. ihr könnt jetzt gehen.) Und kaum waren diese Worte der Gnade dem Gehege der scherifischen Zähne entflohen, als die beiden Lanzenträger ihre langen Spieße hoben, die goldnen Spitzen in der Sonne funkeln ließen und damit das Zeichen zum Aufbruch gaben. Wieder dröhnten die Kanonen, wieder stürzte sich die Musik in ein lebensgefährliches Begeisterungs= tempo, wieder schrien die Massen zu Allah, er möge das Leben unseres Herrn verlängern, und wieder trompeteten die Hengste nach ihrer Weise ihre Huldi= gungsgefühle für den Beherrscher der Gläubigen in die Lüfte, und wieder ritt unter Kanonendonner, Musik, Geschrei und Hengstgewieher Mulai Abd ul Asis schnur= stracks, ohne die noch immer kerzengerade mit gezogenem Säbel stillstehenden fremden Offiziere eines Blicks zu würdigen, hinter seinen Kammerherren und Büchsen= spannern, hinter seinen Leibrossen und dem Krönungs= wagen Louis' XV. zurück in den Palast.

Mir aber winkte der englische Chefinstrukteur, mich anzuschließen und ihm ins Innere des „in Gott gefestigten Hauses der Regierung" zu folgen.

Eine Unterredung mit Mulai Abd ul Asis.

Wir traten durch denselben großen Torweg, durch den der Sultan mit seinem riesigen Gefolge wieder verschwand, in die seltsame Vielheit von Häusern, Höfen und Gärten ein, die in ihrer Gesamtheit als Dar el Makhsen, Haus der Regierung, bezeichnet werden. Draußen vollzog sich langsam und in schrecklicher Unordnung der Abzug der Truppen. Die Zuschauer riefen nach ihren Pferden und Maultieren, ganze Scharen von Kindern, die wie aus der Erde gestampft schienen, waren mit einem Male zur Stelle und überfluteten den bis dahin vom Militär abgesperrt gehaltenen Platz. In einer Bogennische nahmen wir Platz und genossen den kühlen Schatten, der nach dem stundenlangen Stillstehen draußen auf dem sonnenbeschienenen, schattenlosen Paradefeld sehr willkommen war. Wir mußten endlos lange warten und hatten reichlich Zeit, uns umzuschauen.

In dem gewölbten hohen Raume, in dem wir uns befanden, war weiter nichts zu sehen als einige Strohmatten, die den Palastwächtern als Lager dienten.

Diese Wächter waren männlich und kriegerisch aussehende Leute von der Schwarzen Garde. In seinem grenzenlosen Ehrgeiz wollte Mulai Ismail sein Reich über den ganzen Sudan ausdehnen und mit seinen Eroberungszügen bis zum Niger vordringen. Wirklich zog er mit seiner Streitkraft gegen den Sultan von Timbuktu, der ihm indessen mit einer zehnfachen Übermacht entgegenging. Ismail gab sich verloren. Aus dieser verzweifelten Lage rettete ihn sein Wesir durch einen sehr glücklichen Einfall. Er ging wie ein Friedensunterhändler ins Lager der Feinde und setzte dem Sultan von Timbuktu auseinander, die Marokkaner seien in ganz friedlicher Absicht gekommen, sein Herr Mulai Ismail habe von der großen Macht Timbuktus gehört und bitte jetzt demütig um die Ehre, die Tochter des schwarzen Sultans zur Frau zu bekommen. Der leichtgläubige Negerkönig fühlte sich sehr geschmeichelt, daß aus dem hohen Norden sogar königliche Freier zu seiner Tochter kämen, willigte in die Heirat, die gleich festlich vollzogen wurde, und gab seinem unerwarteten Schwiegersohn zehntausend seiner Reiter als ewige Leibwache zur Mitgift. Das war der Ursprung der schwarzen Leibwache, die anfangs in Marokko verachtet war und als askar el abed (Sklavenheer) verspottet wurde, bis der Sultan ihre Zuverlässigkeit erkannte und ihr einen großen Einfluß einräumte, der sie später zu förmlichen Prätorianern und Janitscharen werden und Sultane wählen und absetzen ließ mit einer Willkür und Geschwindigkeit,

daß den Erben und Bewerbern um die Nachfolge
Ismails Hören und Sehen verging. Erst dem Enkel
Ismails gelang es, den verderblichen Einfluß der
Schwarzen Garde zu brechen und diese dreisten Sudan=
neger zu dem herabzudrücken, was sie heute sind.

Von dem Wachraum konnte man in einen freien
Hof sehen, der seit alters einer merkwürdigen Lieb=
haberei der maurischen Sultane dient. Er beherbergt
in einer Reihe von Käfigen die wilden Tiere, die
Mulai Abd ul Asis, wie seine Vorgänger es taten,
für eine dem Sultan besonders geziemende Gesellschaft
ansieht.

Eine lustige Geschichte, mit der wir uns die Zeit
vertrieben, muß ich hier dem geduldigen Leser vorsetzen.

Ein britischer Sondergesandter an dem Hof von
Fes hatte Ende der achtziger Jahre, um die etwas
lau gewordene marokkanisch=englische Freundschaft zu
beleben, als besonders wertvolles Geschenk dem Sultan
Mulai el Hassan einen großen indischen Elefanten
mitgebracht. Natürlich erregte der Dickhäuter, dessen
Naturgeschichte den Mauren nur vom Hörensagen be=
kannt ist, in der Hauptstadt ein ungeheures Aufsehen.
Und wenn er als Wegbahner vor dem Sultan die
engen Gassen einhertrottete, hatte der Jubel und die
mit etwas Angst gemischte Bewunderung der Feser
keine Grenzen. Rasch erfüllte der Ruhm des Tieres
das Reich, und unter den zahlreichen Neugierigen,
die zur Stadt kamen, das Riesengeschöpf mit eigenen
Augen zu sehen, fanden sich auch eines Tages

die Häuptlinge des gefürchteten Berberstammes der Semmur ein; seit undenklichen Zeiten mieden sie aus guten Gründen die Nähe des Sultans, dem sie nach lieber Gewohnheit Gehorsam und Tribut verweigerten. Diesmal aber meldeten sie sich freiwillig bei Hof, suchten um eine Audienz nach und erklärten ihre Unterwerfung und ihre Bereitwilligkeit, die seit langen Jahren rückständigen Steuern nachzuzahlen, wenn der Sultan ihnen den „Riesenhund, der größer als zehn Maultiere ist", mitgeben wolle, damit ihre Stammes= genossen daheim durch den Anblick des Märchen= ungeheuers, das dem leisesten Wink seines Besitzers gehorche, von der Macht des Beherrschers aller Gläu= bigen einen handgreiflichen Beweis hätten. Mulai el Hassan konnte ihnen zwar den Elefanten selbst nicht schicken, obwohl sie ihn mit Gold beladen zurücksenden wollten, gab ihnen aber die Hauda mit, das prunkvolle vergoldete Traggestell, dessen ungewohnte Größenver= hältnisse den schlichten Berbern zeigen könnten, was für ein Fabeltier der ausländische Riesenhund sei. Ein Kaid mußte mit seinen Reitern die Scheche und die Hauda begleiten, damit er die richtige Einzahlung des Tributs überwache. Ich brauche kaum hinzuzufügen: Kaid und Reiter sah man niemals wieder. Die Hauda aber soll im Zelt des obersten Schechs der Semmur als wunderwirkendes Heiligtum ein beschauliches und ehrenreiches Dasein führen.

Ob diese Geschichte ein Märchen ist, muß ich dahin= gestellt sein lassen. Ich habe sie von einem Freunde, der Diplomat und Schriftsteller und Amerikaner ist, und gegen solch dreifache Übermacht fällt es der schwachen Wahrheit nicht leicht, sich zu behaupten.

Endlich kam der Sultan. Eilenden Laufs erschien ein Sklave, meinen englischen Begleiter, Sir Harry Maclean, zu benachrichtigen, der es freundlichst übernommen hatte, für mich zu dolmetschen. Auch er setzte sich in Geschwindschritt, verschwand jenseits des Hofes in einem der hufeisenförmigen Tore, um aber sofort wieder zu erscheinen und mir zu winken, ich solle eintreten. Wieder sah ich mich in einem Hof, der aber so klein und von so hohen Häuserwänden eingefaßt war, daß er nach den riesigen Verhältnissen des großen Paradeplatzes fast wie ein Innenraum wirkte. Kaum waren wir eingetreten, als auf der gegenüberliegenden Seite unter einem Bogengang ein vollkommen weißgekleideter Mann hervortrat. Es war Mulai Abd ul Asis, Beherrscher der Gläubigen, Sultan von Fes, Marrakesch und Tafilelt. Der starre Ausdruck der Unnahbarkeit, den er vorhin beim Empfang der Kabylenscheche zur Schau trug, hatte sich erweicht zu zufriedenem freundlichen Lächeln.

Es entspann sich nun eine ganz zwanglose Unterhaltung, die im wesentlichen auf politisch-geographischem Gebiet blieb. Ich entschuldigte mich zunächst wegen meines Nichtgrüßens bei der ersten Begegnung. Das ganze Auftreten des Sultans war so natürlich und so schlicht, daß ich ihm einfach und ehrlich sagte, ich hätte wirklich nicht gewußt, welche Art von Gruß unter den gegebenen Verhältnissen angebracht gewesen wäre. Er aber wehrte meine Entschuldigung freundlich ab mit dem mir schon von meinem ersten Tage in Marokko her wohlbekannten „la bass!"

Nun fing der Sultan ganz lustig an, mich gehörig auszufragen nach allen möglichen Dingen in außereuropäischen Ländern. Vor allem interessierte ihn die Frage, wieviel Geld wohl in den verschiedenen Staaten bei Herrscher und Volk zu finden sei. Sehr erstaunt war er, zu hören, daß Indien ein sehr armes Land ist. Den Marokkanern gilt Indien als das Wunderland, die Heimat aller märchenhaften Pracht und rätselhaften Herrlichkeiten, so etwa, wie das Land in den Abenteuern Sindbads des Seefahrers in Tausend und Einer Nacht erscheint. Noch im heutigen Sprachgebrauch ist im Maurisch-Arabischen „indisch" fast gleichbedeutend mit „fremdartig wunderbar". So wird Stahl indisches Eisen genannt (hedid el Hind), das Fernrohr indischer Spiegel (merajet el Hind). Daß dies sonnige Märchenland heute von Hungersnöten und verheerenden Seuchen heimgesucht wird und sich eine von Jahr zu Jahr wachsende Schuldenlast aufbürden muß, schien dem Sultan gar nicht recht eingehen zu wollen. Noch mehr wunderte es ihn, daß auch Japan kein reiches Land sei und doch so vorzügliche Einrichtungen und eine starke Wehrkraft besitze. Es bedurfte längerer Auseinandersetzungen, um ihm klar zu machen, wie Japan nächst seinem eigenen Eifer und patriotischen Ehrgeiz es nur der glücklich angebahnten Aufnahme europäischer Bildung zu danken habe, daß es so rasch an die Spitze aller asiatischen Staaten getreten sei und sogar daran denken könne, einer europäischen Großmacht entgegenzutreten. Als dann aber naturgemäß auch die Mandschurei und Korea erwähnt wurden, merkte ich, daß vor diesen exotischen Namen die scherifischen Kenntnisse Halt machten.

Zum zweiten Male innerhalb weniger Wochen stand ich nun in Marokko einem Manne gegenüber, der seine Stellung in der Weltgeschichte und sein Verhältnis zu seinen Landsleuten lediglich der angeblichen Abstammung von Mohammed verdankt, und zum zweiten Male hatte ich das Gefühl einer angenehmen Enttäuschung. In Mulai Abd ul Asis hatte ich nach den Schilderungen seiner eigenen Untertanen einen minderwertigen, schwächlichen Menschen erwartet und stand jetzt vor einem noch ganz jugendlichen Manne, der weder minderbegabt noch verkommen aussah, vielmehr in der vorteilhaftesten Weise die Vorstellung übertraf, die ich mir nach zahlreichen Bildern, die mir zu Gesicht gekommen waren, von ihm gemacht hatte.

Der Sultan war wie jeder andere vornehme Maure gekleidet, ohne jedes Abzeichen seiner Würde, wenn nicht das Fehlen jeder Farbe in seiner Kleidung als etwas Besonderes, nur ihm Zustehendes aufgefaßt werden soll. Denn auch die Unterkleider, die an der

Brustöffnung und unter den Ärmeln sichtbar wurden, waren schneeweiß, nur die Fußbekleidung gelb, die gewöhnlichen niedrigen Pantoffeln, die jedermann hier trägt. In dieser großartigen Einfachheit lag eine Vornehmheit, die recht deutlich abstach gegen die grelle rotgoldne Kleiderpracht des Chefinstrukteurs.

Die Rücksicht auf den Koran und seine strengen Ausleger wird wie seinen Vorfahren auch Abd ul Asis den Verzicht auf allen Prunk in der eigenen Kleidung eingegeben haben: jedenfalls nicht die Bescheidenheit. Denn so menschlich einfach er in seinem Auftreten zu sein scheint, ist er doch als Scherif und als Sultan von seiner übermenschlichen Stellung wohl ebenso überzeugt wie seine Vorgänger. In dieser übertriebenen Auffassung von ihrer Herrscherrolle hat man die Sultane von Marokko seit Jahrhunderten bestärkt. Die schimpflichen Tributzahlungen, die ihnen die europäischen Mächte bis ins neunzehnte Jahrhundert hinein gemacht haben, die demütigenden Formen, unter denen sie sich bis in die allerneueste Zeit den Empfang ihrer Gesandten haben gefallen lassen, konnten natürlich nur zur Erhöhung des Selbstbewußtseins der Sultane beitragen. Seit nun vollends die Zukunft des Landes eine „Frage" geworden ist, die das Lebensinteresse mehrerer Großmächte angeht und einen der kitzlichsten Punkte im europäischen Gleichgewicht darstellt, müssen sich ihre übertriebenen Begriffe von ihrer Wichtigkeit

immer mehr verstärken. Erkrankt zum Beispiel der
Sultan ernstlich, so geht sofort das ganze Reich aus
den Fugen, wie das mehrmals zu Zeiten Mulai el
Hassans beobachtet werden konnte. Die Berberstämme
werden aufsässig, die Kaide und Statthalter des
Sultans werden bedrängt oder gar vertrieben, die
Straßen werden unsicher, der Handel stockt, die
Europäer in den Küstenstädten ängstigen sich und
drahten heimwärts um Hilfe, Kriegsschiffe erscheinen
in den Häfen, die Aufregung im Innern, wo die
Kabylen glauben, die Christenhunde wollten das Land
erobern, steigert sich, die Diplomaten in Tanger machen
dringliche Vorstellungen, das Gespenst europäischer
Gewaltmaßregeln erscheint und wirkt lähmend auf die
einheimischen Behörden, anfeuernd auf die aufstän=
dischen und alle sonstigen unruhigen Elemente im
Lande, deren Stunde zum Fischen im Trüben mit einem
Herrscherwechsel schlägt — kurz, die ganze ungeheure
Unruhe des erwarteten Umsturzes erschüttert das Land,
bloß weil der Sultan ernstlich erkrankt ist und man
mit seinem Tode rechnen muß. Der erlauchte Patient
aber setzt das alles auf Rechnung seiner eigenen un=
schätzbaren Persönlichkeit. Denn von dem unendlich
weit und fein verzweigten Getriebe des heutigen Wirt=
schaftslebens, das an all diesen Erscheinungen die letzte
Schuld trägt, versteht er nichts. Er kann sich nicht
klar machen, daß ein Land wie seines, das seine Tuche
aus Deutschland und England, seinen Zucker aus
Belgien, seinen Tabak aus der Pfalz und Algerien,

seine Glaswaren aus Böhmen und seine Kerzen aus
Liverpool bezieht, Dutzende von großen Kapitalisten
und Hunderte von kleinen Händlern und Tausende
und Abertausende von Handwerkern und Arbeitern,
mittelbar und unmittelbar, in größerm und geringerm
Maße in sein Geschick verwickelt. Er gewinnt nur
den Eindruck: wenn ich sterbe, dann steht die Welt still,
denn ich bin der letzte der Kalifen und der mächtigste
Beherrscher aller Gläubigen.

Die Stellung der europäischen Diplomatie zum
Hof des Sultans von Marokko ist sehr eigentümlich.
Keine einzige Gesandtschaft befindet sich in der Residenz.
Erst ganz neuerdings sind von Deutschland, England
und Frankreich Berufskonsulate in Fes und Marrakesch
eingerichtet worden, die indessen noch keine regelrechte
und dauernde Besetzung erfahren haben. Die General=
konsulate und Gesandtschaften aber befinden sich samt
und sonders in Tanger, der Europa nächsten Hafenstadt.
Dies auffällige Fernbleiben der europäischen Vertre=
tungen vom Hofe des Landesherrn, das wohl einzig
dasteht in der diplomatischen Welt, hat seine guten
Gründe. Zunächst ist heutzutage im Innern Marokkos
ein europäischer Haushalt noch ein etwas unsicheres
Ding. Bei dem Mangel aller Verbindungen, guter
Straßen, von Eisenbahn und Telegraph gar nicht zu
reden, wären die im Innern wohnenden Europäer
beim Ausbruch von Unruhen noch ganz anders von

der Außenwelt abgeschnitten, als es 1900 die in Peking eingeschlossenen und belagerten Gesandtschaften waren. Dazu kommt die unverhältnismäßige Kostspieligkeit der Lebensführung, die in demselben Mangel guter und stets zuverlässiger Verbindungen ihren Grund hat.

Ein viel gewichtigerer Umstand aber, der die Verbannung der Gesandtschaften nach Tanger bedingt, ist das Nomadenleben des Sultans, der fast alljährlich im Felde liegt gegen säumige Zahler unter den Kabylen, wobei ihn stets der gesamte Hofhalt mit allen Wesiren und Beamten, Weibern und Verwandten begleitet. Dieses ruhelose Umherziehen des Sultans ist eine der merkwürdigsten Erscheinungen des öffentlichen Lebens in Marokko. Nicht nur erkennt man darin wohl noch einen Rest des alten arabischen Nomadenbluts, das auch durch all die Zwischenheiraten mit Negerinnen und Ausländerinnen aller Länder nicht völlig beseitigt ist, sondern man muß auch diese fortwährende Unrast des Hoflebens verantwortlich machen für nicht wenige der Schäden, die eine gedeihliche Entwicklung des Landes verhindern. Die Stämme, deren Land der Sultan mit seinem Heer und Troß durchzieht, werden „aufgefressen", wie hier der landesübliche Ausdruck lautet, das heißt, sie werden gezwungen, aus ihren Mitteln und Vorräten die ganze unwillkommene Gesellschaft zu verpflegen und ihr womöglich noch Wegzehrung mit auf den Weg zu geben. Die Kaide und Scheche, denen die Verwaltung der 330 Bezirke, worin das Blad el Makhsen zerfällt, anvertraut ist, suchen

Lagerplatz des Sultansheeres in Fes.

bei dieser Gelegenheit stets doppelt und dreifach so viel von ihren Dörfern und Kabylen zu erpressen, als nötig ist, um sich mit dem Überschuß bereichern zu können. Ist der Sultan mit der Menge der gelieferten Vorräte nicht zufrieden, so läßt er seine Soldaten Jagd machen auf die Schätze, die das Landvolk an Getreide und Geld zu vergraben pflegt. Schon mancher Soldat soll sein Glück gemacht haben durch rasches Emporsteigen zu Amt und Würden und Reichtum, dank dem besondern Spürsinn, den er für das Aufstöbern solcher „Matmora", wie diese unterirdischen Getreidespeicher heißen, auf den Heerzügen seines Herrn entwickelt hat. Oft genug endet diese Schatzgräberei mit Sengen und Brennen, mit Foltern und Mißhandlung, wenn der Erfolg nicht der aufgewandten Mühe entspricht und der Argwohn besteht, man habe die richtige Quelle noch nicht entdeckt. In jedem Fall aber bleiben Elend und Unzufriedenheit zurück, wo der scherifische Heuschreckenschwarm entlanggezogen ist.

Die ständige Aufsässigkeit der Stämme hat zum großen Teil darin ihren Grund, daß die Kaide und Amile solcher Bezirke, die eben erst „aufgefressen" worden sind, die fälligen Steuern nur mit Gewalt beitreiben können und dabei natürlich oft genug statt willige Zahler offene Empörer finden. In einen erst kürzlich ausgesaugten Landstrich zieht der Sultan indes nicht gern zur Unterdrückung von Aufständen, da er dann zu große Schwierigkeiten und Kosten mit der Verpflegung von Heer und Hof hat. So geht schließlich alles Elend darauf zurück, daß in Marokko altarabische Nomadengewohnheiten weitergepflegt werden, die in der Natur des Landes durchaus nicht begründet sind.

Auf diese Unbequemlichkeiten und Unsicherheiten eines Aufenthalts am wechselnden Hoflager kann sich die fremde Diplomatie nicht einlassen. Man hat sich daher dahin geeinigt, daß jeder neubeglaubigte Gesandte sich zwar selbst dem Sultan in der jeweiligen Hauptstadt vorstellt, daß aber im übrigen die laufenden Geschäfte in Tanger erledigt werden durch Vermittlung eines besondern maurischen Beamten, der für alle Dinge der auswärtigen Politik gewisse Vollmachten vom Sultan besitzt. Alle Entscheidungen aber müssen in der Hauptstadt selbst getroffen werden, so daß ein fortwährendes Hin und Her von Briefen und Eilboten entsteht, das den beliebten Verschleppungskünsten der marokkanischen Staatsmänner natürlich sehr zu statten kommt. —

Im Vergleich zu der hochmütigen Unnahbarkeit, die der Sultan bei den großen feierlichen Empfängen zur Schau trägt, hatte die kleine Zwiesprache zwischen ihm und mir in dem Innenhof des Palastes etwas vertraulich Freundschaftliches, das vom ersten Augenblick an weder Befangenheit noch irgendwelche besondere Ehrfurcht aufkommen ließ. Mulai Abd ul Asis gab sich ganz wie ein gewöhnliches Menschenkind, und je mehr wißbegierige Fragen er an mich richtete, desto lebhafter wurde bei mir die Empfindung: das ist ein Mensch, der unter der richtigen Leitung sich zu einem

sehr verständigen Manne und Herrscher bilden ließe.
Aber eben diese Leitung fehlt gänzlich. Sein Mentor
und Großwesir Sid Ahmed bin Musa, der beim Tode
Mulai el Hassans für den Vierzehnjährigen die Herr=
schaft übernahm und mit starker Hand einen einiger=
maßen sichern Kurs steuerte, war doch ein viel zu
selbstsüchtiger Mann, als daß er ein Interesse daran
gehabt hätte, seinen Zögling wirklich auf den künftigen
Beruf vorzubereiten. Und nach dem Tode des all=
mächtig und unermeßlich reich gewordenen Mannes
flatterte der junge Sultan mit seinen Neigungen und
Bestrebungen hin und her, ohne Halt und ohne Ziel.
Bald schenkte er diesem Wesir, bald jenem Kämmerer
sein besonderes Vertrauen, und immer mehr stellte es
sich heraus, daß er sogar unter den verhaßten Christen=
hunden seine Ratgeber sich zu suchen entschlossen
war. Diese für einen maurischen Scherifen sündhafte
Neigung raubte dem jungen Manne die Volkstüm=
lichkeit, die er als Lieblingssohn des verstorbenen
Sultans hätte beanspruchen können. Und daß er, rein
menschlich betrachtet, ein guter, weichherziger Junge
war, ließ ihn bei denen aller Achtung verlustig gehen,
die einen harten, grausamen Herrn gewöhnt sind und
keinen andern als ihren Meister anerkennen wollen.
Denn Mulai Abd ul Asis mit seinen weichen Gesichts=
zügen und der frauenhaften Altstimme würde nicht
imstande sein, wie sein Urgroßvater einem seiner
Wesire die Zunge auszureißen oder, wie Mulai Abd
ul Abbas bin Ismail es zu tun pflegte, seinen Frauen

sämtliche Zähne ausbrechen zu lassen, wenn sie ihn durch ihre Launen verstimmt hatten.

In der Tat hat ja Mulai Abd ul Asis seinem Volke, und vor allem der beschränkten eifernden Geistlichkeit, manch Ärgernis gegeben, weniger weil er etwa so viel mehr als seine Vorgänger sich fremdländischen Einflüssen hingegeben hätte, als weil er offener als sie und unvorsichtiger sich mit christlichen Ratgebern umgab und sich mit allerhand ausländischen Spielereien befaßte. In Wirklichkeit sind diese fremden Einflüsse heutzutage in Marokko eher geringer als früher, abgesehen von der von Jahr zu Jahr wachsenden wirtschaftlichen Abhängigkeit des Reiches vom Auslande.

Mehr als einige harmlose Spielereien mit modernen Maschinen und Werkzeugen verdenken dem Sultan seine Wesire die Gepflogenheit, gelegentlich mit Europäern, die er sich zu dem Zweck einlädt, Polo zu spielen. Dazu zieht er denn wohl auch einmal europäische Reitstiefel an und setzt sich auf einen englischen Sattel, der womöglich anstatt vom koschern Kalbe vom Schwein stammt. Das sind nach den Begriffen der Säulen des Staates alles Todsünden, die über kurz oder lang den Untergang Marokkos herbeiführen müssen. Daß er mit so rückständigen Ratgebern auf völlig unüberwindliche Schwierigkeiten stoßen würde, wenn er einmal eine ernsthafte Neuerung einführen wollte, kann man sich leicht vorstellen. Der junge Mann — er mag heute etwa 24 Jahre zählen — sieht sich von Mißgunst und Schwierigkeiten aller Art umgeben, die zu nichte zu machen seine schwach entwickelte Willenskraft wohl nicht ausreichen wird. Wenn ihm nicht das Geschick ein sorgenloses Schattenkönigtum unter dem Schutze einer fremden Macht auswirkt, etwa wie es der Bey von Tunis in seiner von den Franzosen verwalteten Regentschaft genießt, wird man wohl kein allzu günstiges Horoskop für den Ausgang dieses jungen Fürsten stellen können, dessen Geschick und menschlich gute Eigenschaften nur Teilnahme wecken können.

Es war ein ehrlich gemeintes Zeugnis, als ich nach der Verabschiedung vom Sultan auf die Frage meines englischen Begleiters: "Nun, was halten Sie von ihm?" antwortete: "Very decent chap indeed",*) und damit noch zuguterletzt eine Lage schuf, die leicht sehr peinlich hätte werden können. Wir hatten rückwärtsschreitend schon zwei der vorgeschriebenen Verbeugungen gemacht, als sich Mulai Abd ul Asis selbst zum Gehen wandte. Daraufhin glaubten wir auch unserseits die Förmlichkeiten abkürzen zu dürfen, drehten uns um und gingen, um die Sache kurz zu machen, ohne dritte Verbeugung dem Ausgange zu. In diesem Augenblick richtete mein Begleiter seine Frage an mich, die ich ganz laut und unbekümmert mit jenen etwas schnoddrigen Worten beantwortete, in dem sichern Glauben, der Sultan sei schon außer aller Hörweite. Zur Sicherheit aber sah sich der Engländer noch einmal um, und siehe da, Abd ul Asis

---

*) Wirklich ein anständiger Kerl!

war wieder stehen geblieben und hatte uns nachgeschaut, auch augenscheinlich noch etwas von dem „anständigen Kerl" gehört, denn er lächelte ganz eigen. Man sagt, er verstände nur ein paar Brocken Englisch. Sollte er indes trotzdem das unhofmännische Urteil des deutschen Reisenden verstanden haben, so wäre die Art, wie er es aufnahm, nur ein weiteres Zeichen seiner gutherzigen Freundlichkeit, die ich gern als eine bemerkenswerte Eigenschaft im Gedächtnis bewahre.

Nachwort.

Als die letzten Gentheschen Briefe, die über den Hof des Sultans, in der Kölnischen Zeitung — vom 10. April bis zum 1. Mai 1904 — erschienen, weilte der Verfasser bereits nicht mehr unter den Lebenden.

Genthe stand Anfang März 1904 unmittelbar vor dem Abschluß seines Aufenthalts in Fes; am zehnten sollte der Aufbruch nach der Küste erfolgen. Es waren damals wochenlang schwere Regen gefallen, und Genthe hatte seine gewohnten Nachmittagsspazierritte in die Umgebung von Fes lange entbehrt, er hatte während der ganzen Zeit in seinen elenden zwei Zimmern gearbeitet, wo er unter äußerst primitiven Verhältnissen hausen mußte. Jetzt lockte ihn am achten, nur zwei Tage vor dem Aufbruch, ein herrlicher Frühlingstag, wie man sie in Marokko nach längerem Regen besonders schön hat, ins Freie. Auf seinem edlen, schneeweißen Hengst ritt er gegen drei Uhr zum Westtor, Bab es Ssegma, hinaus.

Es ist richtig, daß er vor diesen Spazierritten oft

und von verschiedenen Seiten dringend gewarnt worden ist; allein sie waren dem bewegungsfrohen Manne einfach Lebensbedürfnis in der Enge seiner Umgebung. Wenn man überdies in den voraufgehenden Schilderungen gelesen hat, wie die Mahnungen, nicht diese, nicht jene Unternehmung zu wagen, seine gesamte Reise unablässig begleitet und wie sie sich immer wieder als bis zur Lächerlichkeit übertrieben herausgestellt hatten, so wird man es eher verstehen, weshalb er sich auch hier über sie hinwegsetzte.

Anfänglich hatte ihm die marokkanische Regierung deshalb einen berittenen Wachtmann beigegeben, der ihn zu begleiten hatte. Genthe pflegte aber so scharfe Gangarten zu reiten, absichtlich, um des lästigen Anhängsels sich zu entledigen, daß die Regierung, um ihre Pferde zu schonen, unter Ablehnung aller weitergehenden Verantwortung, ihn nur noch zu Fuß im Bereich der Stadt begleiten ließ.

So blieb denn auch diesmal der Soldat am Tor zurück; Genthe gab ihm den Auftrag, ihn später hier wieder zu erwarten. Am Morgen des neunten nun erschien dieser Soldat auf dem deutschen Konsulat und meldete, daß der Herr nicht zurückgekehrt sei. Der deutsche Konsulatsvertreter mutmaßte sofort das Schlimmste. Seine unverzüglich angestellten Forschungen schienen auch einen Anhalt zu geben.

Dann kamen durch marokkanische Postboten die Nachrichten nach Fes, daß mehrere Male ein Leichnam von Anwohnern des Ssebu im Flusse gesehen, aufgefischt, aber wieder hineingeworfen sei. Auf Ansuchen des Konsulats sandte die marokkanische Zentralregierung eine Reiterabteilung den Fluß hinab, die die Ufer sorgfältig absuchte. Dies führte, Ende April, zur Auffindung eines Europäerleichnams nahe an der Mündung in den Ozean. Eine Stichwunde saß in der rechten Brust unter der letzten Rippe, ebenso eine Wunde ungefähr gegenüber auf der linken; diese rührte wahrscheinlich von einem aus großer Nähe abgefeuerten Flintenschuß her. Unverzüglich wurde vom deutschen Konsulat in Fes der diesem zubeordnete einheimische Soldat, der Genthe genau kannte, nach der Küste entsendet, und er gab an, daß er in diesem Leichnam trotz seines Zustandes mit voller Gewißheit den Vermißten erkenne. Daraufhin ward der Körper von den dortigen marokkanischen Lokalbehörden nach Larasch (El Araisch) gesandt, dem nächsten Ort, wo Europäer leben, und hier am 24. April 1904 unter Beisein des englischen Missionars Taylor in christlich geweihter Erde bestattet.

In diesen knappen Daten birgt sich ein Vorgang erschütternder Art. Einer der höchstgebildeten, talentvollsten und tüchtigsten unter den Söhnen Deutschlands im Auslande war in der Blüte der Kraft dahingerafft worden, noch ehe er, trotz bedeutsamer Leistungen, dazu gelangt war, dem deutschen Volke seinen Namen vertraut und wert zu machen. Selbst sein tragischer Untergang änderte daran nicht viel. Um so mehr sind darum einige Worte über den Lebensgang des Verstorbenen hier am Platz.

Siegfried Genthe wurde am 26. Oktober 1870 in Berlin geboren. Väterlicherseits stammt er aus einer Gelehrtenfamilie aus Eisleben, in der auch französisches Emigrantenblut floß, das uns ja so oft eine gute Mischung gegeben hat. Er war zweiter Sohn des am „Grauen Kloster" angestellten Gymnasiallehrers Dr. Hermann Genthe, der sich zu dieser Zeit im Feldzuge befand. Als der Vater, infolge eines hervorragend tapferen Verhaltens mit dem eisernen Kreuze geschmückt, nach dem siegreichen Frieden heimkehrte, wurde der kleine Sohn auf jenen schönen Namen getauft, der so gut zu seinem späteren Wesen paßte.

Hermann Genthes Vater war ebenfalls Philolog gewesen. Leicht läßt sich die geistige Erbschaft dieser Vorfahren in Siegfried Genthes so ausgeprägten sprachlichen Gaben und Interessen wiedererkennen.

Die Mutter war eine Berlinerin, Tochter des Kgl. Landbaumeisters Zober. Nahe Freunde berichten, daß bei ihr sich eine große Herzensgüte und humorvolle Frische, Mutterwitz und Schlagfertigkeit mit Energie und Schaffenskraft und gutem, realem Verstande vereinigten.

Schon früh zeigten sich bei dem Kinde schriftstellerische Neigungen; es ersann sich lange Geschichten, die es in ungelenker Kinderhand mit unermüdlicher Ausdauer niederschrieb und mit eigenen drolligen Illustrationen verzierte. Auch seine sprachliche Ader und rege Auffassung trat früh hervor. Als man nach der Geburt eines dritten Söhnchens den damals noch

nicht dreijährigen Siegfried scherzweise fragte, wie denn
der kleine Bruder heißen solle, antwortete er ohne
Besinnen „frater". Erstaunt forschte man weiter nach
diesen lateinischen Kenntnissen, und es stellte sich
heraus, daß das Büblein ganz für sich eine Menge
der lateinischen Vokabeln aufgefaßt und behalten hatte,
die ein damals im Hause wohnender kleiner Sextaner=
vetter mühevoll laut auswendig lernte.

Der pädagogisch hervorragend tüchtige Vater
wurde bald Gymnasialdirektor und als solcher mehr=
fach zu neuen Stellungen in verschiedenen Städten
berufen, bis er zuletzt, 1880, an die Spitze des Wilhelm=
Gymnasiums in Hamburg trat. Das Leben in dem
geistig angeregten Elternhause wird als ein harmonisch
ungemein schönes geschildert. Die Kinder wuchsen in
der wärmsten Herzlichkeit miteinander auf, und man
darf wohl annehmen, daß das sonnige Wesen Siegfrieds
zu nicht geringem Teil seinen Grund mit in der glück=
lichen Kindheit hat.

Leider sollte das Geschick später diesen Familien=
kreis in ungewöhnlich grausamer Weise auseinander=
sprengen. Bereits 1886 starb der Vater plötzlich; drei=
zehn Jahre später auch die Mutter, fast zur gleichen
Zeit, als der dritte Sohn Hugo ein schreckliches Ende
fand.

Den drei Söhnen muß der Drang nach dem
Ungewöhnlichen, außerhalb der allgemeinen Pfade
Liegenden innegewohnt haben, denn er kehrt bei allen
wieder. Der älteste Bruder, Arnold, strebte zuerst,

wie seine Vorfahren, der soliden deutschen Lehrerlaufbahn zu und erwarb den philologischen Doktorgrad; als Hauslehrer jedoch nach Amerika verschlagen, warf er dort die Fesseln ab und wurde — Photograph; aber ein Photograph von ganz eigener Art und künstlerischem Rang, der bald in der Gesellschaft San Franciscos eine Art tonangebende Persönlichkeit für alle Fragen des künstlerischen Geschmackes wurde, zeitweilig aber auch in abenteuerlichen Reisen mit der Kamera den wilden Westen Amerikas durchstreifte und indianische Völkerschaften und fremdartige Naturszenen aufnahm.*) Der jüngere Bruder, Hugo, ging als Angestellter einer Firma nach Afrika, wurde dort indes auf eigene Faust Elefantenjäger und Elfenbeinhändler, der im Zuge war, sich ein Vermögen zu machen, als ihn auf der Jagd ein wütender Elefant, dem er auf Bitten geängsteter Eingeborener entgegentrat, erreichte und zertrat.

Siegfried wandte sich nach Erledigung des Gymnasiums im Herbst 1889 ebenfalls philologischen Studien zu. Er studierte auf der Universität Jena romanische, englische und deutsche Philologie. Zugleich wurde er in dem dortigen Akademischen Turnverein Gothania aktiv; sein gesunder, kräftiger Körper verlangte, wie während seines ganzen Lebens, nach starker

---

*) Dr. Arnold Genthe hat den Untergang San Franciscos im Frühjahr 1906 als Augenzeuge überlebt und ist, wie wir hören, bei der photographischen Fixierung des furchtbaren Schauspiels hervorragend beteiligt gewesen.

Betätigung. Auch auf den übrigen von ihm besuchten Universitäten hat er den Turnern angehört, in München der Germania, und mir liegen verschiedene Zeugnisse seines flotten, sprühenden Studentenlebens vor, das in ganz eigener Weise weltmännische Überlegenheit und deutsches Burschentum zu vereinigen wußte.

Er setzte seine philosophischen Studien nächst Jena in München fort. Inzwischen hatte er aber in dem Ausländer-Pensionat, das seine Mutter nach dem Tode des Vaters eröffnete, einen jungen indischen Fürsten, den Zamindar von Atia*), Nawab Abu Ahmad Ghaznavi Khan Bahadur, kennengelernt. Mit diesem machte er mehrere Reisen in Europa und ging schließlich auf seine Einladung mit ihm als Freund — formell als „Privatsekretär" — nach Indien, wo er dann ein ganzes Jahr (1892) mit indischen Sprach- und Volksstudien verbrachte.

Diese Unterbrechung des normalen deutschen Studienganges hat den bestimmenden Ausschlag für Genthes spätere Laufbahn als Reisender und Reiseschriftsteller gegeben. Die erste größere literarische Arbeit, mit der er an die Öffentlichkeit trat, war eine Reihe von Zeitungsaufsätzen, die er darüber nach Hause schrieb.

---

*) Atia, Subdivision des Maimansingh-Distrikts in Bengalen, liegt am untersten Lauf des Brahmaputra, ehe er sich mit dem Ganges vereinigt, und umfaßt 1061 engl. Q.-M.

Nach Deutschland heimgekehrt, nahm er Ostern 1893 seine Universitätsstudien wieder auf, und zwar in dem idyllischen Marburg.

Hier schloß er sich besonders an zwei seiner Lehrer näher und mit großer Wärme an. Der eine von ihnen war Professor Justi, bei dem er persische Sprache und Literatur trieb. Über das innige Verhältnis, in das er zu diesem verehrten Mann trat, gibt besser als alles andere der Brief Zeugnis, den der Leser weiter unten abgedruckt findet. In dem Begleitschreiben, mit dem Geheimrat Justi Herrn Dr. Wegener diesen Brief zur Verfügung stellt, äußert er sich über Genthe mit besonderer Herzlichkeit. „Siegfried Genthe," berichtet er, „kam erst die letzten Semester seiner Studienzeit nach Marburg, und er hatte als gereifter Student nur noch das Bedürfnis, sein schon reiches Wissen nach verschiedenen Seiten hin zu vervollständigen. Er hatte schon eine längere Reise in Indien hinter sich und gelernt, mit seiner Beherrschung verschiedener lebender Sprachen und seiner allgemeinen Bildung sich in allen Verhältnissen des Lebens zurechtzufinden. Die Vorlesungen über indische und persische Sprache und Literatur, die er mit einigen Studenten hier hörte, waren auch für mich selbst sehr anregend, weil er Schwierigkeiten schnell überwand, die anderen zu eifriger Mitarbeit anspornte und es dahin brachte, daß der Lehrer zum Mitlernenden ward, denn er wußte auch aus eigenen Mitteln zur gründlichen Erkenntnis des Gegenstandes beizutragen ... Bei den Studenten, zu deren Turnerschaft er sich hielt, war er sehr beliebt, denn er war stets zu vernünftigem Rat bereit und von unverwüstlichem Frohsinn . . . Ich erinnere mich nicht, jemals einen jungen Mann kennen gelernt zu haben, der so mannigfaltige Geistesgaben, Wissen, Talent und Interessen mit ebensoviel Offenheit, Mut und Herzensgüte vereinigt hätte wie Siegfried Genthe."

Der zweite Marburger Universitätslehrer, der ihm zu einem besonderen Leiter und Freunde wurde, war der Geograph Theobald Fischer. Das Interesse Genthes für Geographie lag sicher tief in seiner reisefreudigen Natur begründet und in seinem Durst nach der Erweiterung seines Horizonts. Wissenschaftlich dafür gewonnen und zum Geographen erzogen hat ihn aber erst Theobald Fischer, in dessen geographisches Seminar er eintrat und bei dem er sich im Jahre 1896 magna cum laude jenen Ritterschlag der deutschen Gelehrten erwarb, den wir Doktorpromotion nennen.

Die Doktorarbeit, die ihm der verständnisvolle Lehrer jedenfalls im Zusammenhange mit seinen sprachlichen Studien stellte, hatte das Thema: Der persische Meerbusen.

Interessant sind die Notizen über Genthes Marburger Zeit, die sein damaliger Studienfreund, der gegenwärtige Oberlehrer Dr. Goos in Hamburg, gab. Th. Fischer, meint er, habe zwar das große Verdienst, ihn zum Geographen gemacht zu haben; aber ein rechter zünftiger Geograph sei er doch eigentlich nie gewesen, so vielerlei er in dieser Hinsicht auch wußte und so lebhaft ihn die Materie auch fesselte. „Seine Bedeutung lag vielmehr auf sprachlich literarischem Gebiet ... Nie blieb er aber bei der Sprache stehen, stets drang er zu den Menschen vor, zu ihrem Leben, ihrem Lande, Sitten, Literatur usw. Daß er dies alles in der Geographie vereint fand, reizte ihn wohl."

Seine Art „hatte stets etwas Erfrischendes, war so durchwürzt von Humor, immer steckte ein Kerl dahinter, und eigentlich keiner hat sich dem Zauber seiner Persönlichkeit entziehen können".

Pekuniär ging es ihm damals ziemlich knapp, ohne daß dies seinen Frohsinn und seine Unabhängigkeit irgend beeinträchtigen konnte.

Einige von ihm eingesendete Aufsätze hatten in der Redaktion der „Kölnischen Zeitung" soviel Interesse erregt, daß der Chefredakteur selbst nach Marburg reiste, um den Verfasser kennen zu lernen und ihn womöglich dauernd für die Zeitung zu gewinnen. Zu seinem Erstaunen fand er einen noch sehr jungen Mann, der aber wissenschaftlich und gesellschaftlich einen vorzüglichen Eindruck auf ihn machte. Genthe war zum Eintritt in den Stab des Blattes unter der Bedingung bereit, daß er zuvor noch seinen Doktor machen könne.

Am 1. Januar 1898, nachdem er seiner Militärpflicht bei der Matrosenartillerie in Kiel genügt hatte, trat er wirklich in den Verband der „Kölnischen Zeitung" ein und wurde bereits im Juni d. J. auf den verantwortungsvollen Posten ihres Vertreters in New York, später Washington entsendet. Als im Jahre darauf die bekannten Wirren in Samoa und die diplomatischen Kämpfe der drei Mächte Deutschland, England und Nordamerika um den Besitz dieser Inselgruppe zur Entscheidung sich zuspitzten, sandte ihn die Zeitung als ihren Berichterstatter dorthin. Er verweilte dort mehrere Monate und veröffentlichte über seine Erlebnisse und Beobachtungen eine Serie von Artikeln unter dem Titel „Reisebriefe aus Samoa".

Ganz anders als die indischen Briefe sind diese Schilderungen aus Samoa geartet. Wenngleich auch hier das politische Interesse — ganz entsprechend der wichtigen Zeitlage in Samoa — sich vielfach offenbart und in einem schönen nationalen Eifer vertreten wird, so spielt es doch nicht die Hauptrolle, sondern tritt zurück gegen die umfassende Aufnahme der gesamten Erscheinungswelt dieser unvergleichlich reizvollen Südsee-Inseln. Er hat die Gelegenheit gefunden, ungewöhnlich viel von dem für den Verkehr noch wenig erschlossenen Archipel zu sehen. Teils in eigenen längeren Bootfahrten und Landwanderungen, teils als Gast der deutschen Kriegsschiffe „Falke" und „Kormoran", hat er nicht nur Upolu ausgiebig kennen gelernt, sondern auch Sawaii, Manono, Apolima und die später amerikanischen Teile des Archipels besucht und ist — ein besonders charakteristischer Zug an ihm auf all seinen Reisen — auch möglichst in Beziehungen zu den Eingeborenen getreten.

Anfang 1900, als Genthe den Archipel bereits wieder verlassen hatte, ging der Hauptteil Samoas bekanntlich in den Besitz Deutschlands über. Im Sommer dieses Jahres bereiste ich selbst — so erzählt Dr. Wegener — die deutschen Südsee-Inseln und darunter auch Samoa. Unterwegs dahin, auf dem Schiff zwischen Honolulu und Apia, las ich die Artikel Genthes, die ein Reisegenosse mit sich führte. Ich denke jetzt noch mit hoher Freude an den Genuß, den mir diese Lektüre bereitete. Ich hatte eine reiche Literatur über die Inselwelt bereits durchgearbeitet, diese erschien mir aber unter den unmittelbare Reiseeindrücke wiedergebenden Arbeiten weitaus die beste.

Der persönliche Eindruck, den Genthe in Samoa hinterlassen hatte, der eines ungemein liebenswürdigen, lebensvollen und interessanten Menschen, war zur Zeit meiner eigenen Anwesenheit in Samoa noch lebendig genug, vor allem bei den Offizieren des deutschen, seit einem Jahr vor Apia stationierten Kriegsschiffes „Kormoran". Ihnen schien seine Anwesenheit wie ein erfrischender Trunk gewesen zu sein; der lachende Gruß „Heil und Sieg!", mit dem er seinen Handschlag zu begleiten pflegte, war an Bord eingebürgert geblieben.

Wohin er sich von Samoa aus gewendet hatte, war mir nicht bekannt. Ich selbst bereiste von hier aus Neuseeland, Australien, Neuguinea und die übrigen deutschen Archipele, bis mich der Wirbel des inzwischen ausgebrochenen Chinakrieges in seine Kreise zog.*)

---

*) Vgl. zum Folgenden unsere Darstellung „Kiautschou und die Chinawirren" im Nachwort zu Band 2 dieser Sammlung, 4. Aufl. S. 154 ff.

Siegfried Genthe
(Nach einem Bildnis von 1900).

Ende September erreichte ich im Gefolge Waldersees den Kriegsschauplatz und beteiligte mich an dem Zuge des deutschen und italienischen Detachements, das unter General von Lessel Mitte Oktober von Tientsin zur Einnahme der Provinzhauptstadt Pautingfu aus=
rückte.*) Am 20. Oktober langten wir vor den gewaltigen Toren und imposanten Mauern dieser großen Stadt an, ungefähr gleichzeitig mit dem aus deutschen und englischen, französischen und italienischen Leuten zusammengesetzten Truppenteil, der unter der Leitung des englischen Generals Gaselee von Peking aus zu gemeinsamem Vorgehn ebendorthin beordert war. Wir lagerten in den Vorstädten. Pautingfu hatte sogleich kapituliert, die vier großen, nach den vier Himmelsrichtungen gelegenen Tore waren schon von je einer deutschen, englischen, französischen und italienischen Wache besetzt worden, und morgen sollte der Einzug der Truppen stattfinden.

Um schon heute einen Einblick in diese interessante alte Stadt tun zu können, solange sie noch in möglichst unberührtem Zustande war, ritt ich — unter strömendem Regen und Sturm — zu dem nächstgelegenen, englischen Tore, die Erlaubnis zum Eintritt zu erbitten. Dampfend von Nässe betrat ich das kleine dumpfige Wachtlokal im Torgebäude und fand darin im Gespräch mit dem Wachtoffizier noch einen anderen Herrn, etwas mehr als mittelgroß, auffallend gut gewachsen und —

---

*) In Tschili.

eine etwas wunderliche Zusammenstellung — mit einem gelben Khakianzug, mächtigen Gummistiefeln und einer kleinen Reisemütze bekleidet. Er unterhandelte mit dem Wachtoffizier bereits um gleiche Erlaubnis, und so trat ich an ihn heran mit leichter vorstellender Verbeugung.

„Wegener."

„Genthe."

„Ist es möglich? Heil und Sieg!" sagte ich lachend und schüttelte ihm die Hand. Das also war Dr. Genthe! Daß ich diesem Manne noch einmal irgendwo auf dem Erdball begegnen würde, davon war ich längst überzeugt gewesen; jetzt aber freute ich mich, daß dies unter so ganz „ausgefallenen" Umständen geschah, wie ich es mir selbst gewünscht hätte, im Regensturm vor dem düsteren alten Tor einer innerchinesischen Stadt. Genthe war von Samoa wieder auf seinen nordamerikanischen Posten zurückgekehrt und jetzt von der „Kölnischen Zeitung" zum Chinakrieg entsandt worden. Eben in Peking angelangt, hatte er sich sehr eilfertig — daher die merkwürdige Ausrüstung — dem Zuge General Gaselees angeschlossen und war, wie ich, soeben vor Pautingfu angekommen.

Auch er wußte von mir und hatte vielleicht eine ähnliche Empfindung; rasch schuf der Austausch der gemeinsamen Beziehungen in der Heimat und auf Samoa die erste Vertraulichkeit zwischen uns, und wir ritten nun kameradschaftlich auf unseren kleinen Chinesenponys durch Pautingfus mit so viel Kot erfüllte und von so interessanten alten Häusern eingefaßte Gassen. Zu meiner Freude erwies es sich dabei sogleich, daß wir in fast allen hier in Betracht kommenden Dingen übereinstimmten, in unserer Schätzung der einzigartigen Gelegenheit, das alte Riesenreich des Ostens so intim kennen zu lernen, in unserm Gefühl für die unleugbaren Vornehmheiten in chinesischer Kunst und Sitte, in dem Urteil über Personen und Maßregeln in diesem sogenannten „Krieg" und vieles andere.

Genthe hatte in einer zerfallenen Lehmbude in einer der Vorstädte ein erbärmliches Quartier gefunden. Ich selbst mit zwei anderen deutschen Korrespondenten, mit denen ich auf diesem Zuge reiste, durch Zufall ein ganz vortreffliches in dem geräumigen, in einem großen, hübschen Garten gelegenen Sommerlusthaus irgendeines reichen Pautingfuer Bürgers. Nach kurzer Beratung mit den Herren holten wir deshalb Genthe noch am Abend samt seiner Bagage zu uns herüber und vereinigten seine Karawane mit der unsrigen zu einem stattlichen gemeinsamen Haushalt mit vielen Kulis, Ponys, Maultieren, Eseln und Karren. — Der netteste Zuwachs, den wir dadurch gewannen, war Genthes persönlicher Diener Peletti, ein junger Samoaner von etwa 15 Jahren, den er seinerzeit mit nach Nordamerika genommen hatte; ein famoser, frischer, immer williger Gesell, der uns oft die wertvollsten Dienste leisten sollte. Er hatte für alle praktischen Dinge einen ungemein klaren Verstand und die naive Sicherheit des Naturkindes, die sich fremden Verhältnissen viel geschickter anzupassen verstand als wir selbst. So jung er war, brachte er es doch binnen kurzem zur Meisterschaft in der Beherrschung der chinesischen Dienerschar, die er — in dieser Hinsicht sich völlig zu uns rechnend — mit einer drolligen Selbstverständlichkeit als Angehörige einer durchaus geringeren Rasse ansah. Wir waren z. B. später einmal auf unseren Zügen genötigt, unser Hab und Gut und einen großen Teil der uns doch mit nur mäßigem Wohlgefallen folgenden Kulis in einem beschlagnahmten Bürgergehöft innerhalb einer vorübergehend besetzten Chinesenstadt auf einige Tage unter seiner alleinigen Obhut zu hinterlassen, und kehrten mit nicht geringer Sorge zurück. Es war nicht nur zu fürchten, daß die chinesische Nachbarschaft mit den Kulis sich verständigt, sondern fast noch mehr, daß die teilweis etwas aus der Zucht gekommenen Soldaten der verbündeten Mächte sich bei ihren Requisitionsgängen bedenkliche Übergriffe an unseren Vorräten erlaubt haben würden. Wir fanden jedoch unter Pelettis Hut alles in bester Ordnung vor. Das war etwas für den braunen Burschen gewesen. Er hatte mit dem Instinkt des Abkömmlings eines alten Kriegerstamms das ganze Gehöft in eine kleine Festung verwandelt, die verdächtigen Chinesen von der Straße mit drohender Büchse, die oftmals an die Tore donnernden Truppen mit würdevollem Vorweisen des ihm hinterlassenen, in einer Reihe von Sprachen geschriebenen Papiers wirksam zurückgescheucht und die Gesamtheit der Kulis derart in Schach gehalten, daß sie nicht wagten, mit den Landsleuten draußen zu paktieren.

Diese gemeinsame Wirtschaft mit Siegfried Genthe dauerte so lange, wie ich selbst auf dem Kriegsschauplatz verweilte. Mit all den interessanten Erlebnissen, die mir dort begegneten, ist seine Person aufs innigste verknüpft. Es war ja ganz natürlich, daß während dieser Zeit er und ich einander ganz besonders nahe kamen, waren wir beide doch schon durch das gemeinsame Fachstudium, die Geographie, auf den gleichen Boden gestellt. Die Vorbildung, mit der wir der Welt hier gegenüberstanden, war ungefähr dieselbe, und die Richtung der Interessen war es auch. Gern lasse ich die bunte Reihe der fremdartig merkwürdigen Bilder jener Tage wieder an meinem Gedächtnis vorüberwandern und finde bei den bedeutsamsten Situationen immer seine Gestalt neben mir; seine Teilnahme, sein Mitverständnis verdoppelten meinen eigenen Genuß.

Wir ritten miteinander auf der breiten, mit dem geheiligten Fußpfad aus weißem Marmor belegten Feierstraße, die durch den großen geweihten Wald zu den Kaisergräbern von Siling*) führt. Mit ihm

---

*) = Westgräber (Gegensatz: Tungling = Ostgräber, die nordöstlich von Peking liegen); beides sind, im Unterschied von den Minggräbern, Begräbnisstätten der gegenwärtigen Dynastie der Tatsing. Die „Westgräber" liegen eine deutsche Meile westlich von Itschou, das zwei Tagereisen nördlich von Pautingfu zu suchen ist.

hatte ich das Glück, die farbigen Hallen dieser Anlagen noch in unberührter Schönheit zu sehen und mich an der vornehmen Pracht der hier seit mehr denn anderthalb Jahrhunderten aufgehäuften Kunstschätze, der alten Bronzen, kostbaren Porzellane, Brokatstoffe, Schnitzereien, Cloisonnés,*) an der ganz eigenen fremdartigen Harmonie des Gesamten zu erfreuen. Mit ihm betrat ich einige Tage später die gleichen Räume, nachdem vandalische Verwüstung über diese Stätte dahingegangen war, und erglühte in gleichem Zorn über diese sinnlose Barbarei.

Er war mit dabei, als wir den denkwürdigen Streifzug des Majors von Förster nach Tsekingkwan mitmachten, eines der wenigen kecken und schneidigen Abenteuer in dieser langweiligen Kampagne. Gemeinsam beteiligten wir uns an dem nächtlichen Schleichritt bis zum Fuß des Passes von Tsekingkwan, und Seite an Seite folgten wir dann der kleinen Schar des Majors, der den überaus verwegenen Versuch machte, mit hundert Mann eine strategisch glänzende Position, die von etwa zwölfhundert vorzüglich, sogar mit Schnellfeuerkanonen bewaffneten und von tapferen Offizieren geführten Chinesen besetzt war, stürmend zu nehmen. Wenn die „Kölnische Zeitung" in dem Nachruf, den sie im Frühjahr Genthe widmete, es aussprach, Furcht sei ihm unbekannt gewesen, so bin ich dessen Zeuge. Kein Zaudern habe ich an ihm be-

---

*) Vergl. Band 16 dieser Sammlung, Seite 70 Anmerkung.

obachten können, wenn wir, von Deckung zu Deckung aufwärts dringend, zeitweilig frei über den von oben= her bestrichenen Pfad vorwärts mußten, wo die Ge= schosse gegen die Steine klatschten; kein Zeichen des Erschreckens, als einmal dicht neben uns, genau am Platze, wo er wenige Sekunden vorher hinter einer ungenügenden Deckung gelegen hatte, eine Kugel ein= schlug. Um elf Uhr mittags saßen wir auf der Höhe über dem eroberten Paßtor, auf dem die schwarz=weiß= rote Fahne flatterte, und teilten ein Stückchen Schoko= lade, die wir, seit vierundzwanzig Stunden fast nüchtern, von einem Kameraden hatten ergattern können. So etwas macht Freundschaft.

Genthe war mit mir, als wir mit dem General von Gayl zusammen die prächtige Streife zu den Gräbern der Kin*) im Gebirge westlich von der großen Ebene ausführten. Auf der Richthofenschen Karte, die wir bei uns trugen, hatten wir einen Vermerk über die Lage dieser unseres Wissens damals noch von keinem Europäer besuchten Stätte gefunden und hatten den General auf das hohe Interesse eines Besuches derselben aufmerksam gemacht. Der kleine Zug war von vollem Erfolg gekrönt; wir fanden in großartiger Felsen= landschaft die Trümmer der Grabmonumente jener alten Dynastie, die sich stolz „die goldene" nannte und die unter heroischen Kämpfen im Mongolensturm

---

*) D. h. „Die Goldenen". Die Gräber liegen bei Fang= schanhsiën, südwestlich von Peking.

zugrunde ging.*) Ich habe in meinem Buche „Zur Kriegszeit durch China" all diese mannigfachen Erlebnisse und Beobachtungen näher geschildert.

Unsere gemeinsamen Züge endeten Mitte November in Peking, wo wir noch einige Tage in der Gesandtschaft miteinander verlebten. Dann wandte ich mich einer anderen Aufgabe, die mir mehr als der „Krieg" am Herzen lag, der Bereisung des Yangtsekiang zu und nahm von dem liebgewonnenen Kameraden Abschied, um nach dem Süden zu gehen.

Es ist mit Recht darüber schwere Klage geführt worden, daß von seiten der deutschen Reichsregierung so wenig geschehen ist, um diese nie so wiederkehrende Gelegenheit, das alte China und seine Kultur zu studieren, in umfassender Weise auszunutzen. Unter den Bemühungen, diesen Fehler nach dem bescheidenen Maß privater Kraft auszugleichen, stehen Genthes Leistungen mit an der ersten Stelle.

Nachdem mit Beendigung des Feldzuges Genthes Aufgabe im Norden erledigt war, bereiste er, wohl im Vorgefühl der zukünftigen Wichtigkeit dieser Gegenden, das damals noch wenig bekannte Korea, auf Fahrten, die teilweise ein hohes Interesse haben. So durchquerte er auf entlegenen Pfaden die Halbinsel vom Westen nach Osten, so erreichte er in abenteuer-

---

*) Vor der Mongolenherrschaft seit Dschingiskhan war China ein Jahrhundert lang unter die Dynastien der Sung und der Kin geteilt. Zur chinesischen Kaisergeschichte vergl. auch Band 2 dieser Sammlung, 4. Aufl., S. 130 Anmerkung.

licher Reise die große, selten besuchte Insel Quelpaert im Gelben Meere.

Von Korea reiste er — eine genaue Datierung ist aus seinen Briefen nicht zu entnehmen — mit der neuen mandschurischen und der sibirischen Bahn nach Europa. Er war einer von den sehr wenigen, denen unmittelbar nach dem Chinakriege diese von den Russen nicht gern gesehene Fahrt, allerdings unter allerlei Abenteuern, gelang. Er versuchte zuerst von Wladiwostok aus sein Heil, jedoch ohne Erfolg, dann von Port Arthur aus, wo es glückte. Unter dem Titel „Eine Winterfahrt durch die Mandschurei" schilderte er in der „Kölnischen Zeitung" diese Reise und ihre Eindrücke. Mit einem grimmigen Humor führte er die argen Zustände in den neuen russischen Besitzungen Port Arthur, Dalnij, Charbin usw. und die Schwierigkeiten und Unzulänglichkeiten des Bahnverkehrs durch die Mandschurei und Sibirien vor. Mit sicherem Blick erkannte er die vorhandenen Schäden und Mängel, und seine Beobachtungen, so kurz vor Beginn des großen russisch-japanischen Krieges angestellt, sind deshalb noch heute für das Verständnis des überraschenden Laufs dieser Kämpfe von großem Wert.

Von Moskau kehrte er endlich, nach mehr als einem halben Jahrzehnt Abwesenheit, nach Deutschland zurück.

Während dieses Aufenthalts in der Heimat war er auch in Berlin für kurze Zeit mein Gast, und ich denke gerade an diese Begegnung heute mit einer tief schmerzlichen Empfindung zurück. Er kam wie eine Art Sieger heim von seiner langen Kampagne und machte damals mehr als je den Eindruck, daß ihm eine glänzende Laufbahn sicher sei. Es war geradezu etwas Strahlendes in ihm an Raschheit, Zuversicht und Tatendrang. Voller Freude berichtete er von der Anerkennung, die er von seiten seiner Zeitung bei der Heimkehr erfahren hatte, und ließ durchblicken, daß diese für die Zukunft Großes mit ihm vorhabe.

Leider dauerte seine Muße nur kurze Zeit, denn er mußte unverzüglich auf den erledigten Posten des Pariser Vertreters.

Von dort sendete ihn die „Kölnische" im Frühjahr 1903 bei dem Aufstand des Bu Hamara nach Marokko. Hier verweilte er ungefähr ein Jahr und arbeitete sich ganz in derselben Weise wie früher durch literarisches Studium und persönliche Beobachtung auch in diese neue Welt hinein. Seine Arbeiten in der Zeitung beweisen dies glänzend.

Sehr wertvoll ist das bereits erwähnte Schreiben an Geheimrat Justi in Marburg. Es wird den Leser über die weitschauenden Pläne unterrichten, die Genthe damals für seine nächste Zukunft hegte, berührt aber zugleich wie eine dunkle Vorahnung des erschütternden Endes.

„Fâss, Deutsches Konsulat
18. Mai 1903.

.... Es kommt mich oft ein Jammer an, wenn ich mir denke, was ein Fachgelehrter zu Hause, einer von der guten deutschen Art, gründlich, ausdauernd, begeistert und — nicht mit Millionen gesegnet, drum geben würde, wenn er die Länder seines Arbeitsfeldes und seiner Sehnsucht so leicht und oft besuchen könnte, wie es mir in meiner Stellung als Reiseschriftsteller der „Kölnischen Zeitung" möglich ist, in der Welt mit aller persönlichen Freiheit der Entschließungen und mit beträchtlichen Mitteln herumzufahren. Seit Marburg allein hintereinander Vereinigte Staaten die Kreuz und Quer, fünfmal übern Kontinent, Canada, Südsee, Japan, China, dann einige Monate Korea, ein Vierteljahr Mandschurei, und jetzt schon wieder nach hastigem Fluge durch verschiedene Bäder und Erholungsstationen Marokko. Und damit noch nicht genug: von hier aus werde ich, wohl noch vor Ablauf eines Jahres — vorausgesetzt, daß einen der blöde Fanatismus der maghrebinischen Pfaffen*) am Leben läßt, eine sehr umfassende Studienreise nach Westindien und Südamerika antreten, von wo aus ich große Lust habe, auf dem nicht mehr ungewöhnlichen Wege über Indien, Kaschmir, Afghanistan und Persien heimzukehren ...

*) Sultanat Maghreb el Aksa ist ein andrer Name für Marokko, vergl. S. 95.

Ich fange wirklich an, mich etwas nach Ruhe und Seßhaftigkeit zu sehnen. Wenn ich auch seit dem Tode meiner guten Mutter und meines armen Bruders keine Heimat und keine Familie mehr habe, wohin ich gehörte und zurückkehren könnte, — man möchte doch einmal ein bißchen zur Ruhe kommen, zur Sammlung und zu gründlicherer und gedeihlicherer Arbeit, als mir bisher möglich war, wo ich wirklich mehr oder weniger wie ein richtiger Nomade zu Pferde, im Zelt, auf dem Dampfer und der Bahn, im besten Falle im Gasthof meine Tage verbringe. Das „Zuviel" ist aber wirklich meine einzige Klage, das „Zuviel" und das „Zurasch"; sonst habe ich dieses ruhelose Leben genossen mit einer Intensität, wie man auf seiner ersten Reise in Italien das Übermaß von Kunstherrlichkeit in sich aufnimmt, in einem Zustande von leichter Berauschtheit und doch auch von einer Leistungsfähigkeit der Nerven, wovon man sich im ruhigen Stubenhockerdasein zu Hause gar nicht träumen läßt. Nicht nur gibt es für den jungen, noch werdenden Menschen, nach meinen Begriffen wenigstens, nichts Schöneres und Lehrreicheres, als fremde Völker und Länder kennen zu lernen, sich unter ihnen zu bewegen, mit ihnen zu leben, womöglich in ihrer eignen Sprache mit ihnen zu verkehren. Auch das Eigenleben ist was wert. So manchen lieben Tag, wochenlang, monatelang, bin ich mutterseelenallein mit mir gewesen, nur mit meinen Karawanenmenschen, Packträgern, Koch, Dolmetscher und ähnlichen dii

minorum gentium,*) mit denen sich keine herzbewegen=
den Gespräche führen lassen. Und wenn man dann an
der Spitze seiner Karawane reitet, schweifen einem die
Gedanken vorwärts und mehr noch rückwärts, das ganze
Leben zieht an einem vorbei, und alles wird so lebendig,
als wenn's erst gestern gewesen wäre. Und wie oft ist
mein liebes Marburg aufgetaucht und mit seinen un=
vergeßlichen Erinnerungen mir vor die Seele getreten:
die schönen Spaziergänge in der Umgebung, die ge=
mütlichen Hörsäle mit dem Schâhnah und Hâfis,**) die
lebhaften Erörterungen im geographischen Seminar…
und der Verkehr mit gleichgesinnten Freunden, mit
denen so manch froher Ulk, aber auch manch ernstes,
oft bis zum frühen Morgen, bei endlosem Tee und
Tabak, auf der Bude ausgedehntes Gespräch verlebt
wurde…

Jetzt bin ich nun mit Marokko wiederum auf ein
mir bisher gänzlich fremdes Gebiet entgleist und muß
mit der Einarbeitung, geographisch und sprachlich, po=
litisch, geschichtlich und wirtschaftlich, wieder ganz von
vorn beginnen. Ich bin zurzeit der einzige sogenannte
Vergnügungsreisende hier, andere Zeitungsmänner oder
sogenannte Forschungsreisende haben sich beizeiten aus
dem Staube gemacht. In diesen Tagen ist Herr
Menebhi, der Kriegsminister des willenlosen, spielerigen
Sultans Mulai Abd ul Asis, denn doch aufgebrochen

---

*) = Leuten untergeordneter Art.
**) Schâhnâhme (Königsbuch), episches Gedicht des persischen
Dichters Firdûsi, † 1020; Hâfis, ein persischer Dichter, † 1389.

mit seiner ganzen Mahalla, um den geheimnisvollen Bû Hamâra, den noch niemand gesehen hat, in Tâsâ (oder, wie's die Marokkaner aussprechen, Zäsa) zu bekriegen. Die paar Europäer, die hier noch aushalten, sind natürlich in großer Sorge, was draus wird, und vertreiben sich ihre zahlreichen Mußestunden mit dem Ausmalen der Teufeleien, die man ihnen antun wird, wenn Fäß in die Hände der Aufständischen gerät. Vergleiche mit Peking liegen nahe und wirken nicht gerade beruhigend. Unser Gesandter, Freiherr von Mentzingen, hat mir nun das ganze Konsulat überlassen, so daß ich hier mit meiner ganzen Dienerschaft und einem schönen Schimmelhengst, den ich mir von den Beni Hassan gekauft habe, Alleinherrscher bin in dem geräumigen, prächtig mit Orangenbäumen, fließendem Wasser und Springbrunnen geschmückten Hause, das vom Reich seinem Besitzer, dem wohlhabenden Scherifen Mulai Ali el Kthiri abgemietet worden ist. Auf Wunsch des Hofes gehe ich einstweilen noch möglichst wenig aus, da die ganze Stadt voller wilder, bis an die Zähne bewaffneter Berber ist, die gar leicht dem verhaßten Nassrani*) das Lebenslicht ausblasen könnten mit der langen Flinte aus dem Sfûß,**) die stets zur Hand und geladen ist, und damit Anlaß zu einer „Verwicklung" geben würden, das heißt zu schrecklich vielem Schreibwerk — und vor nichts haben die Diplomaten,

---

*) Nazarener.
**) Vergl. S. 38.

afrikanische wie europäische, mehr Angst als vor der Arbeit. Und um nicht unnütz dies Schreckgespenst einer „Verwicklung" mit daranhängender Schreibarbeit, Entschädigungsansprüchen usw. heraufzubeschwören, bleibe ich wie ein Gefangener zwischen meinen vier Wänden, und habe so, zum erstenmal seit langem, Zeit, auch den einen oder andern Privatbrief zu schreiben, wozu ich sonst viele Monate lang nicht komme. — — —"

Nur zwei Tage vor seinem Aufbruch von Fes und seiner Rückkehr in die Zivilisation — seine Koffer wurden bereits gepackt — hat sich die dunkle Ahnung, die aus den letzten Briefzeilen spricht, erfüllt: am Spätnachmittag des 8. März 1904 ist er unweit der Tore von Fes auf dem Heimritt nach der Stadt einem gemeinen Raubmord zum Opfer gefallen. Wie sein Namensvetter in der Sage ist er in der höchsten Kraftblüte heimtückisch gefällt worden; doch noch erschütternder fast, als dieser, weil sein Ende so sinnlos und so entsetzlich jämmerlich ist. Nicht irgendein tragischer Haß hat ihn gefällt, keine dunkle Leidenschaft ist im Spiele gewesen, sondern um ein Nichts, ein Pferd, einen Sattel, haben ein paar Räuber, die ihm begegneten, ein Leben vernichtet, das an innerem Reichtum unmeßbar hoch über ihnen stand. Der Mann, vor dessen heiterm und freiem Geist der ganze Erdball ausgebreitet lag, ist zuletzt einsam von einem fremden Missionar an einsamer Küste eingescharrt worden. Den Vorgang seiner Ermordung hat man sich aller Wahrscheinlichkeit nach folgendermaßen zu denken.

Der Weg, den er ausgeritten, verläuft westwärts von Fes in einer weiten Ebene, die sich nach links tischförmig glatt bis zu den Vorbergen des Mittelatlas ausdehnt. Die Landschaft ist zur Regenzeit am Spätnachmittag in der Regel sehr einsam. Es ist der Verdacht nicht abzuweisen, daß Genthes persönlicher Diener, ein übel beleumdetes Individuum, mit unter der Decke gesteckt und den Mörder auf Genthes Ausritt aufmerksam gemacht hat. In einer Bodenfalte erwartete dieser mit noch zwei andern Banditen den Heimkommenden. Genthe hatte die Gewohnheit, sich mit den Eingeborenen, soweit seine Kenntnis des Arabischen reichte, zu unterhalten; er führte auch stets etwas Kleingeld zur Verteilung mit sich. Hier haben die Kerle ihn nun anscheinend gegrüßt, fielen ihm, als er die Karriere, in der er zurückzureiten pflegte, mäßigte, in die Zügel, und wohl ehe er noch zum vollen Verständnis der Situation und zu einem rettenden Entschluß kommen konnte, stach ihm einer den Dolch rechts in die Brust, während der zweite Räuber gleichzeitig von links ihm einen Schuß unter die Achselhöhle jagte. Genthe sank vom Pferde und wird jedenfalls sogleich tot gewesen sein. Die Mörder ließen ihn auf der Straße liegen, nachdem sie die Leiche geplündert hatten; zwei der Kumpane bestiegen das wertvolle Pferd und ritten westwärts von dannen, während der dritte der Straßenräuber seitwärts entwich.

Unweit der Mordstelle liegt eine Wegstation oder Nsala, deren Insassen von der Regierung die Aufgabe haben, die Straße zu überwachen. Hier war der Schuß gehört worden. Die Leute eilten herbei und zogen einen der Banditen vom Pferde — der andre entkam — und ließen sich durch ihn zu dem Leichnam führen. Sie schafften ihn zunächst vom Wege fort und verbargen ihn; dann holten sie aus den nächst gelegenen Niederlassungen die angesehensten Leute herbei und berieten, was zu tun sei. Endlich entschlossen sie sich, den Körper zu beseitigen, um keinen Verdacht auf ihre Ortschaft fallen zu lassen. Noch in der Nacht luden sie die Leiche auf ein Maultier, schleppten sie sechs Stunden weit bis an den Sjebufluß, unterhalb der Stelle, wo der Fes=Bach mündet, und warfen sie dort ins Wasser.

Es liegt im Bereich der Wahrscheinlichkeit, daß der Pascha, d. h. der Gouverneur von Fes, von der Sachlage in Kenntnis gesetzt worden ist, aber alles getan hat, um die Spuren verwischen zu helfen. Der Grund für ein solches Verhalten liegt einfach in der — wenig günstigen — Gepflogenheit, bei einer solchen Ermordung ein Sühnegeld zu fordern, für das die lokale Behörde aufkommen muß. Sie hat also ein natürliches Interesse daran, den Nachweis einer solchen Tat innerhalb ihres Gebietes zu hintertreiben. Überdies ist es in den Augen eines rechtgläubigen Marokkaners noch immer im Grunde ein Gott wohlgefälliges Werk, einen Christenhund umzubringen und die Strafe dafür zu verhindern.

Während zur selben Zeit die junge nordamerika=

nische Nation in einmütigem Zorn aufschäumte, als der marokkanische Bandenführer Raisuli den — nur nachträglich als Amerikaner naturalisierten — Levantiner Perdicaris gefangen zu nehmen wagte, und unverzüglich durchsetzte, daß dem Sultan eine mit Krieg drohende Panzerflotte über den Hals geschickt wurde, fand die freche Ermordung eines der Deutschesten unter den Deutschen im Auslande bei uns kaum irgend einen nennenswerten Widerhall.*) Es ist in der Tat beschämend gewesen, wie gleichgültig das Ereignis vom deutschen Publikum aufgenommen wurde. Nichts hat deutlicher als dies bewiesen, wie jenes gewaltige Solidaritätsgefühl aller Bürger eines Staates, das einst Roms Größe begründet hat und in dem in der Neuzeit ganz ebenso das Geheimnis der englischen Weltstellung liegt, unserer Nation noch so gut wie völlig abgeht.

Erst die mit dem Besuch des Kaisers in Tanger zusammenhängende politische Wendung der Dinge hat den endgültigen Abschluß der Angelegenheit gebracht. Dieser bestand darin, daß die Mörder zu lebenslänglichem Gefängnis verurteilt worden sind. Von einer Todesstrafe hat die Regierung des Sultans abzusehen, da ein Geständnis der Leute oder eine zweifelsfreie Untersuchung im Sinne marokkanischen Rechtsgefühls nicht vorliege, und eine daraufhin vollzogene Hin-

---

*) Nicht weniger energisch hat im Juli 1906 die französische Nation die Sühne für die Ermordung eines ihrer Landsleute (Charbonnier) betrieben.

richtung sehr böses Blut machen würde. Da uns daran lag, die nicht allzu feste Stellung des Sultans in seinem Lande nicht noch mehr zu erschüttern, gestand man unsererseits diesen Ausweg zu. Die marokkanische Regierung zahlte überdies eine Summe von 40 000 Mark als Entschädigung für die Verwandten des Ermordeten und verpflichtete sich, auf seinem Grabe in Larasch ein würdiges Denkmal zu errichten, dessen Art und Ausführung der dortige deutsche Konsulatsvertreter überwachen solle.

* * *

Wenigen Deutschen wird dies einsame Denkmal für Siegfried Genthe an entlegener afrikanischer Küste zu Gesicht kommen. Möchten ihm seine eigenen Schriften ein glänzendes und dauerndes Denkmal in den Herzen seines Volkes errichten!

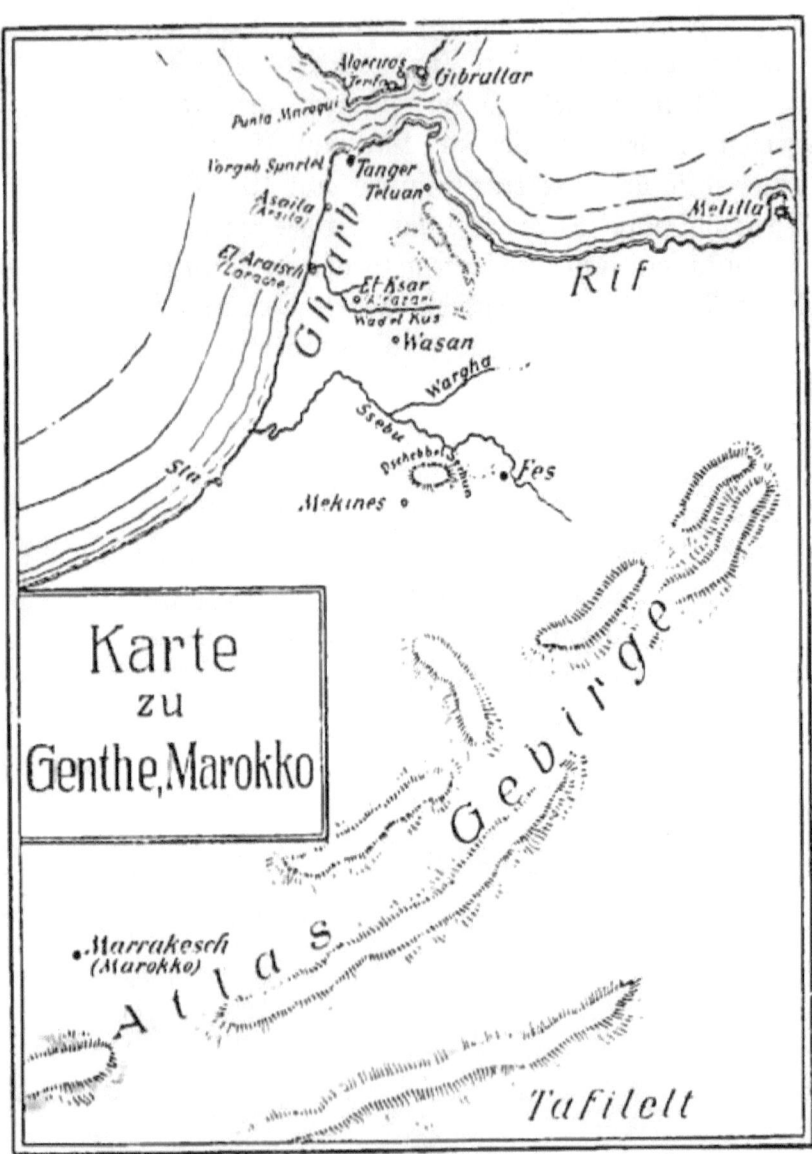

www.ingramcontent.com/pod-product-compliance
Lightning Source LLC
Chambersburg PA
CBHW021354300426
44114CB00012B/1219